潤于日記

（二）

光緒十四年戊子正月癸丑朔陰微雪

午前子峨處略談午後子峨來話

初二日晴

昨夕得郡書合肥病變凌晨即行午後至郡則合肥已於朔夜化去琴生諸子以合肥為家終於不救尤可悲也夜合肥派李牧竟成及洪令恩廣至

初三日晴

與李洪處分琴生後事略定

初四日晴

余還塞上初三日合肥遣戈什哈至附寄一書

初五日晴

劉子進來

初六日晴

子進赴郡託寄一書

初七日陰

初八日晴

昨夜余喉痛竟夕日晨漸愈

初九日晴

等進子峨均至

夜候漢痛

初十日晴

聖上保太倉客

十一日晴

赴郡

十二日晴

琴生柩眷偕行余送至泥河慘惻不已

十三日晴昧途雪

昨夜宿王鎮軍中日晨過郿署視其實從之來行者殊堪

悽惋踈塞已薄莫矣

作家書得再田書

十四日晴

過子峨前輩略話

十五日晴

緇髯作致子壽丈書

過劉子進

十六日晴

竽進于峨先後至

得祥仁趾叔贊書

十七日晴

過于峨得樂山十二月廿二日書

十八日陰午後雪

遣兩兒回都就學寄再同安圃書附潤民師于壽文節貫大田竹臺太守涵書

十九日陰

寄洪蕑香書

聞于峨右髀右足痛往視之以千金寶要半身不遂方錄畀

療治同戌三年艱難無間見其疾竊自憐矣

二十日晴

二十一日晴

閔九舉至沙城回

二十二日晴

得石聘之書知琴生之三息在懷來殉矣

二十三日晴

往視于峨步履如常左手不能作字

二十四日晴

子進來吳蘭（在太學）遣人餽食物受其書九圖（游楊集 乾坤正氣集 畿輔輿地圖）

二十五日晴

伯平專人送書

是日得九弟蘆臺書兩兒母貴而書（九弟正月初十日生一女）

二十六日晴

復伯平書（其僕明日行）

寄九弟安圃書

二十七日晴

過子峨少坐即返俄頃子峨乘車而來有據鞍顧盼之意足猶未健也

二十八日晴

得合肥十七日書

二十九日晴

往視子峩略愈

夜復合肥書又寄再同安圃書

三十日晴有風

午前子進來久坐

二月初一日晴

昨夜半得洪翰香朱九香書知琴生挹春於廿六日由潞河啟行赴津

初二日晴
石賸之自宣府來
初三日晴
招石賸之劉子進飲
寄合肥及洪大令書
初四日晴
過子峨
龍松琴來談夕與賸之過書院
初五日晴

又過子峨午後龍石來談

初六日晴有風

午後與劉子進石聘之至草地城隍廟一游乃廣辰峯與渠

此下補慶也論限將滿過之以進舊迹感慨何似

來存日都謀得安圖及再同書時蒼兆在家塾潛兆在再同

屢分談

初七日晴

聘之因至其寓中送之即過子峨

寄以安圖再同書

初八日晴

寄大兄書並壽聯伯平之母熊太夫人二月十二生日年六十五

初九日晴

初十日晴

十一日晴

十二日晴

劉子進來辭行於坐附寄合肥書初十又得合肥初四書

十三日晴

得安圃書復之

十四日晴

十五日晴

過子峨略話其病似愈而病根尚存

十六日晴

夜閱宋元學案其體例不善派別亦多傅會

十七日晴

賀大令來合肥以余將躁遣令自保定分俸千金以資躁裝作書謝之午後答賀令

得再同初八書時赴保定迎壽丈又得安圃書

十八日晴有風

得滬書及石影華山碑 琴生有此碑 取石影長垣本互校之

而琴生竟不及見可悲也

午後得朕翰香書知琴生靈眷十八可啟行

十九日晴

閱宋元學案

復八弟書

二十日晴

得合肥書 過子峨 子峨捐銀二千 衣疎合肥不敢代陳 子峨甚悶

二十一日晴

閱漢書竟日近日稍得讀史之法午後得洪翰香書

二十二日晴

夜讀臨川集

二十三日晴有風

大學致知在格物朱注格至也物猶事也窮至事物之理欲其極處無不到也李剛主問樂於毛西河以論格物不合西河遂作大學逸講箋詆攻習齋剛主曰周禮教民一曰六德一曰六行一曰六藝三物即大學所格之物其說屢見又告從孫曾達曰子欲格物須先識定此篇是論大學夫

大學也而有禨務乎大學十五所入者也而即識及幽深高遠者乎
鄭康成禮記注格來也物猶事也其知於善深則來善物其知於
惡深則來惡物言事緣人所好來也蓋格物在致知之先故鄭氏
言善惡兩端形容之致知即是知止然必就善而善始能止善也恐
朱子窮至說得較過剛王之說尤為傳會 毛說未見俟購致之
來字上承近學引下而后知至可善可惡未止未定之境此正入大學第
一步
二十四日晴
得安圃書又得伯潛臘月廿六日書

戊子 八 豐潤張氏澗

寄馨生二十一婦孝烈事略交李真牧竟成跋洪翰香

說文叜老也从又灾闕段氏引元應手灾者衰惡也言脈之大候在於寸

口老人寸口脈衰故从又从灾韵會引說文从又灾灾者衰惡也蓋古

有此五字而與學者釋之余案元應所云決非說文疑叜从宀首从火

故从籀文从寸入老畏寒守火守亦聲

二十五日晴大風

得陳伯平書

二十六日晴

二十七日晴

過子峨

夜閱黃山谷詩

二十八日陰

寄復合肥書

二十九日晴

偶閱馮登府三家異文疏證因思嚴鐵橋所輯韓詩二十一卷及魯詩齊詩未刊悉已散佚案韓內傳本四卷韓外傳六卷韓故三十六卷韓說四十一卷見藝文志鐵橋分為二十卷未知何據

三月初一日晴

岳雲石祠乞一聯
蕭陳琪蒡仍特言
書策備說狀之禮
史扇三滿無嫡傳
山槐陽門水承陰館
小新祠安佳氣相當
一脈有分文

寄再同書

初二日陰

得安圃書

初三日晴

寄復安圃書　姬卅來得洪翰香諸君書

初四日晴

初五日晴

過千峨

得安圃書

初六日陰午前有風

檢閱關中往返文牘讒口囂囂憂心悄悄關沖強執一詞甚至捏造孤拔文書證其不欲干奴共謄可為寒心

初七日陰

閱汪容甫述學疑其書與名實不類偶閱江藩漢學師承記云君中年輯三代學制及文字訓詁制度名物有係於學者分別部居為述學一書屬稿未成後乃以撰著之文分為述學內外篇刊行之深惜容甫述學之書未成也

初八日晴

江藩漢學師承記書名頗佳惜詞義均遜過於戲笑然篤其人學

養可知矣

初九日晴

得安圃書

初十日晴

閱韓詩外傳喜其多理語校其字脈當作文一篇

十一日晴

張子苑有書來復之

十二日陰雨

石聘之贈一雁，翩毛已豐，縱之飛去。

十三日，大雨，雷微霆。

子夏傳乃唐張弧作，國朝崔應榴以為漢鄧彭祖子夏傳梁邱易，疑子夏乃鄧彭祖。案韓嬰孫商傳易，舊唐書子易傳二卷與韓氏易傳二卷合。按漢志班注名嬰。安知非即韓氏易？韓商可與丁氏同學，又安見其不同學乎？

揅經室解幽王之皇父即宣王之皇父，謂此七人皆賢臣，洗冤千古，說甚新。然既自創一解，則蹶維趣馬何不即以蹶父實之耶？家伯維宰何不即以家父實之耶？節南山家父，刺幽王也。聚子內史何不即以鄭語之史

戊子

伯寅之耶

十四日陰夜雨

讀舊唐書

十五日晴

宋議變法王安石言周置泉府之官以權制兼并均濟貧乏變通天下之財後世唯桑宏羊劉晏粗合此意學者不能推明先王法意更以為人主不當與民爭利今欲理財則當脩泉府之法以收利權帝納其說佩綸案荊公以桑宏羊劉晏之說為合於周禮可云不知讀書宜其作周禮新義如此淺陋 周官之理財之說亦非泉府所能盡周官之制亦非理財所能盡

神宗告荊公人皆云卿不曉世務安石以經術正所以經世務今關之議

法止是理財理財之法止是桑劉吾知其無能為矣

十六日陰

石聘之暨章仲瑋孝廉來 崔灝琳琴生之族弟乙酉舉人 王楓臣近況其子由籍來宣

得安圃書復之

十七日陰

以張令致琴生聘之交聘之寄津午後章石復來話章云其鄉

人吳班卿者客周玉山處頗究心輿圖之學去年合肥試集

賢書院閱黃河夏以河必南徙竟先中

余不喜楚辭誦屈讀之仍不喜變雅憂國離騷怨君其意不同使

在孔子之先亦在删例

十八日晴

閱全謝山漢書地理志稽疑惜其七校水經注不可見疑非趙注所取

能盡之也

十九日晴雨一陣

午後吉雲帆自多倫回道談

夜讀昌黎詩

永貞行云北軍百萬虎與貔天子自將非他師一朝奪印付私黨懍

懔朝士何能為異舊唐書王叔文傳叔文引其黨與謀奪内
官兵柄乃以故將范希朝統京西北諸鎮行營兵馬使韓泰副
之初中人尚未悟會邊上諸將各以狀辭中尉中人始悟兵柄為叔
文所奪乃止諸鎮無以兵馬入希朝韓泰至奉天諸將不至乃還
伾文乘順宗瘖病之中竊片刻之國柄作威作福譬之鴆酒止渴
漏脯療饑必無久理其躁謬自不待言惟以陸贄陽城及謀
奪中人兵柄乃甚瑕中之瑜第以此時中人政俱文珍與之不合
監國既定旋就誅夷昌黎詳述伾文何者不可罪而乃首罪
及此試問北軍果天子自將耶兵柄誅諸將與兵柄誅中人

孰是孰非耶殊不足服狂文之心而為劉柳輩所竊笑也

信乎詩史之難也

二十日晴午後微雨漸霽

答雲帆

玉溪生東阿王詩國事分明屬灌均 西陵魂斷夜來人君王不得為天子半為當時賦洛神 又涉洛川詩意亦同蓋以宓妃比楊妃以東阿比陳王以灌均比中人意甚明白徐注誣賢妃有私之傷忠厚馮注謂別有豔情尤屬支離似此穿鑿詩之魔障更多可謂玉溪罪人矣

二十一日晴

善注啗齰嗽獲中風之動之貌

過子峨病猶未愈也
二十二日晴
得安圃書復過子峨　宋玉風賦故其風中人狀直憞溷鬱邑毆溫致溼中心慘怛生病造熱　下啗齰嗽獲死生不平此庶人之雌風
閱石洲詩話覃谿先生著
詩話始初唐迄元明所選以石帆亭五言詩續鈔可以互證蓋欲救
漁洋之偏而又不沒漁洋之善視趙秋谷之談龍相去霄壤以
固學詩者之前馬也
二十三日晴始御袷衣
復安圃書

二十四日雨

午後伯平遣祀来贈贐二百金

夜復伯平書

二十五日晴

過都浣及景祺蒋莫陳全来

昨日又得安圃書午後復之

二十六日晴

過于小峨

午後張令遣使来送贐郤之並復一書

西崑酬倡集虞山簡緣馮武之序以義山與溫庭筠段成式為西崑三十六宋之錢楊劉諸君子競效其體互相酬倡意反江西之舊製為文錦之章西崑者宋初翰苑效溫李居之西崑非三十六為西崑也西崑在前江西在後乃云意反江西之舊亦顛倒可笑前明詩人往往不閱史耳

二十七日陰雨晚止

東坡別黃州詩用破幃王注頗以礼作帷為疑景校本七發如素車白馬帷蓋之張李善注帷或為幃音韋此坡公所本並一字無來歷也

二十八日晴

寄晏圖書午後晏圖有書至

子峨來步行能出門可喜君介臣來答

二十九日晴

都浣楫弁明瑞入都託寄家書

午後龍松琴自宣化來久談薄莫過書院答之

崇雨舲家藏聖教序三本楠木板匣套者宋搨存集顏鄮慶洋布套方本者宋搨有宋跋四五段藍絹面小本者乃明搨

三十日有風

讀文選數頁

四月初一日晴

得劉同知盛瓊書 時派修長堤河工

班氏作揚雄傳蓋仿史記之司馬相如傳不知相如之傳止可一不可二也觀史遷相如傳叙其詩之風諫何異是相如風諫而子長又借以風諫也其所載三賦及論巴蜀文封禪文皆係孝武一朝大政非徒賞司馬長卿之文辭也班氏於揚子紀其反離騷則于雲亦嘗貶論不得擬於賈生之弔屈甘泉長楊羽獵似子虛長林並止須與長卿合傳以文作相如摹連之足矣要其太玄法言詳為叙目推崇太過此是一人學術何關一代典章夫諸儒以雄非聖人而作經咄咄之論也班氏於儒林傳所

載極略而於雄一人所載過詳使西漢經生大義不傳固有罪焉
吾嘗謂班氏非經生非史才特一文人而已
易家有兩京房班氏於太中大夫京房獨不著其里號疏
伏生二十九篇不著其目遂使太誓之說紛紜至今敘孔安國今文亦不
詳
易之授受最詳本於太史公其它經皆有授受何以不載以致後人
序錄疑實據生
韓嬰燕人也又云涿郡韓生其後也使嬰本涿郡則當云韓嬰涿郡
人不必襲於長舊文且韓生與下趙子竟不書名亦非史體

毛公趙人也平帝時嘗立學官而於大毛公小毛公二人不詳其名且其
詩与三家異同亦不應不括一二句
禮注不載其目尤奇
三傳敘次較明疑經典序錄所載公羊穀梁授受不碻并班氏於
易既溯源商瞿子木明公羊穀梁所載于沈子之類不當遺之
初二日晴
午後過子峨談得再同三月廿七日書
初三日晴
朱穆作絕交論因劉伯宗事亦甚微蔡公叔徵詣廷尉太學生劉

陶等數千人詣闕上書，宜為絕交論所激耶？少叔為人，實不足以取，屢奏記於梁冀，悉其禍福，乃私憂非公規也。且桓帝初年，少叔勸冀謂明年當有小危，宜急誅姦臣為天下所怨毒者，以塞怨咎。既而因清河王蒜之獄，李杜見害，未始非穆言啟之。夫其時姦臣孰有過於梁冀者？不勸冀而勸冀誅奸塞咎，則冀之所謂姦臣孰有過於李杜者？並則穆之罪，殆與馬融草奏同科，史乃云明年嚴鮪謀立清河王蒜，又黃龍二見沛國，冀無術學，遂以穆龍戰之言為應，於李杜之獄竟不一及，從穆甚已矣。夫安知冀非因穆之言，故殺異己者以塞怨咎也。

中散以絕交書致禍孝標以廣絕交論為二劉所恨開口絕交二字已覺戾氣曾子所謂一貫真養到之言也杜工部云記憶細故非高賢既不記憶矣亦何必形之詩哉

初四日晴

得安圃書知君子科入縣學十五名可喜

兩都賦序注引孔臧集曰臧仲尼之後少以才博知名稍遷御史大夫辭曰臣代以經學為家乞為太常專修家業武帝遂用之

干寶說易以潛龍為文王羑里之日見龍在田為免羑里之日飛龍在天為武王克紂臣位之日以亢龍有悔謂若湯有慙德案以龍紀官則龍乃指

匪非指君也時乘六龍孟喜曰天子駕六是其證

初五日晴

答石聘之書

盧植集曰詔給濯龍廄馬三百匹、赭白馬注引

高誘戰國策注、麗美麗也琴賦注

笙賦注曰孟浪虛誕之聲、不知何本、俟攷

謙六五不富以其鄰利用侵伐无不利口訣義引張氏曰葛伯仇餉湯往伐之是也、觀六四利用賓于王虞仲翔引詩莫敢不來享莫敢不來王

易說 遯九二執之用黃牛之革侯果曰殷之父師當此爻九五嘉遯侯

果曰殷之高宗當此爻　萃六二孚乃利用禴馬季長曰禴殷春祭名也

未濟上九有孚于飲酒无咎濡其首有孚失是虞仲翔曰謂若殷紂沈湎于酒失天下也

偶閱孫淵如周易集解本取其以殷事說易者筆之干寶說專以殷紂為言故不錄

初六日陰有風

初七日晴

子峨来小坐午後展生自官府来

初八日晴

得家書初六日奉

硃批張佩綸著准其釋回該部知道欽此

至托子明永峻峰藹行均未曉道京作報初十日啟程回籍子

峨齋中小坐

得孝達再四書

初九日晴

托子明景介臣時來送並致儀物數事已刻子峨來小坐午刻往子峨處

話別時子峨病未清殊難為懷

起行至宣府王鎮留宿道府縣均會日中遊無琴生可傷也

初十日晴

至各處辭行午後慶溫臣龍松琴葛季梁均來慶葛即去與松琴及石聘〻坐宣鎮園亭中談詩良久遂至武成王廟一游夜鎮道府公〻餞（署府吳煥采庚午同年　知縣何承諸丁丑進士）

十一日晴

五更起行鎮道輩均追送不及雞鳴驛餞沙城宿

十二日晴

辰刻至懷來（知縣）賀瑞霖迎候同飯旅肆過縣署小坐至岔道延慶州（州）韋成義少自州來送贈肴饌卻之不可韋字宜甫

亦庚午同年迎送宿驛館

十三日晴

自金道驛征章枚及守備王振陞相送策騎行三十里至居庸

關小坐復乘輿轎至南口飯午刻至灌市昌平州楨克恭送

萊郇之

十四日晴

自灌石曉發安圖還蘇福來送午刻自彰儀門入都

津門日記

光緒十有五年己丑正月朔

祀神祖考臨山谷數十字讀舊唐書一卷與合肥師談竟

日

初二日晴

合龍奏呈元旦

上諭吳大澂授河督李鴻藻還頂戴李成鐸田成以按察使用李

還翎銜餘升敘有差

初三日晴

水南来談

初四日晴立春

閱陶詩兩本

過晦若借得吳勉學管子本晤曹靖臣李漢春兩撫督楊瑞生總兵張鑄青六日都来与其弟雲路字居直過談

初五日晴

合肥生日避客攷阮傳茶隱与趙夫人及余翁耦清談

初六日晴

出門答客

初七日晴　鎮江林德美領事八所

初八日晴

李漢春衛達三陳序東及宣化何承諸同至唐仁廉亦來

得安姪書九弟來午後藹青吳仲懷至

初九日雪

李漢春來後得竹坡前輩書論莊子

初十日晴

有人以舊書數種來售檢閱竟日晚九弟來得夏仲鉞書

久困床褥頃得助款聆蘇惻然思壽人師

十一日晴

晨花農來吴總兵育仁亦至午後過九弟

寄復夏仲笙書 元燿

十二日晴

李河間振鵬來乃癸未散館知縣由壽陽調署河間吳縣人久居河南其尊人豫中知府也言居子館甄無有真者蓋子重金攜之入都矣苗仙麓有廣韵校本屬其物色想亦不可得也

午後與菊耦略話家事信步至晦若處談亦不暢

内人臨樂毅論余無佳本因檢耕霞谿館所翻一本與之石菴
以為碧落跋本覃谿以為越州學舍本高士奇江邨本百萬
僧惟書付官奴四字此本脫去究屬可疑也

十三日晴試燈
感寒嗽甚作復唐鄂生書洪翰香來話黃趙皐有啟
至知粵帥留管廣東輪船

十四日晴
過晦若話以王壬秋詩見示詩筆甚健而其人亂嶷不平
非善士也

得八弟書即復之

十五日晴

得電報今日宣麻張之萬以大學士管戶部徐桐以吏部尚書協辦大學士孫毓汶授刑部尚書

署中燈火甚佳羣兒相聚為樂憶東坡上元夜詩前年侍至肇端門萬枝燈去年中山府老病亦宵興今年江海上雲房寄山僧之復舉胥八松閣見僧三年之中喧寂不同百端交集余自甲申上元倍蒙召諸藩茶宴後乙酉猶遠蒲道上觀燈逆旅亦泣一醉普騰丙戌丁亥戊子三年謫所意味亦不甚同今年佳節以祁

卿之弟爲讀張以德曜之家爲畀廬全家偕隱酒儀燈紅目碩謂

爲兩兒日來等但肯得坡公詩及余日記中諸上元韻韋庵者也

日補知古人委心任運之理不至極其累恢其欲矣

十六日晴

午間獻夫來申初勞玉初至辛未同年近署蠡縣以完全調矣

橋能吏也頗解算學以圭盦詩贈之

十七日陰大風

午刻史竹孫恩培來其祖蘭畦先生與先子至交其兄庚午同

年而竹孫高才晚達與先兄同舉戊子鄉試爲言先子嘗題其

祖乘風破浪圖長古一篇因向之索稿圖中有祁文端寯藻詩
蓋蘭甫咸豐壬子過燕門時所題也
光緒十四年七月俄新報俄皇及后召見提督普爾瓦斯基該員
大將亞細亞洲現派往西藏取道新疆隨帶內曾游歷之
弁兵二三十人皆通地利測繪諸事兼精戰務給与公費
輿圖會亦出銀助之 合肥命譯其書凡著論七篇大致謂
新疆之兵情形緜華權易失而俄之威力足取準回而
部 其人名伯里華士琦俄之陸路提督（普不瓦斯其譯音之轉）
新疆之弊約有三端一曰兵不練。官以酬應逢迎為長技[illegible]

馬步雜糅亦多缺額軍裝尤不如式詳檢閱有舊式陸錄

既缺餉力不足營官尅扣之兵士離心壯悍者思安若弱者

求昧二曰民不勤游牧之外無所事事城居者生計尤拙三曰

官不廉在回則淫其妻女掠其貨財例設舊冒回民切齒

蒙民亦漸皈天主耶穌之教日為俄用以余所聞證之俄人

覬國之言良信近劉毅齋文以令伯之陳情作班超之生

入覲將屬之魏藩一白面書生而已民怨敵強是可慮

也而謀國者看晏然

十八日晴有風

來刻延李桐蓭秀才明學

逮十讀元遺山集余讀詩每以知人論世為主其人不肖其詩必不能佳

眾以為佳余亦不敢遺山生平以崔立一碑為大疑案乃取張石洲本

合翁淩施三譜參證翁淩均據本集及陵川之辭以駁歸潛志之

誣施北研獨主劉京叔說云在職累人不敢為先生諱余謂崔立

此碑王從之雖郤辭莫肯草之請後仍歸劉祁麻革等為之如

祁所言則裕之更筆而託於祁作祁圖得罪名教矣裕之即不作

此文豈當時必能脫其身故祁得以誣之譜云平心思得無罪

郝伯常云豈得獨罪元遺山以謂祁當並坐當首惡而亦非以遺

山爲無罪也夫王從之不願作碑而祁黎並作之如郝韓所云不願來
節若此宜內翰與裕之當遂與祁絕乃內翰泰山之將仍與劉郁
同行而遺山亦不與祁郁乘與上梁文中稱之名流初不謙斥凌仲子
舉此謂其存心忠厚此非忠厚也蓋王若虛及元裕之不願作碑
而使程與張信輩脅劉麻自代此若虛之智也祁亦不願作而
無計自脫遂違心為之此劉祁之大謬也祁久而自悔故不得不反
噬若虛裕之以自解若虛裕之當時實亦與其事故不能遂絕
祁郁此事原涉及裕之內翰來上梁文及歸潛志觀之是非
自定後翁皆絕了雜而總則定論也余言似涉刻嚴並及人

乙丑

六

豐潤張氏澗

猥獪事以飾非文過如遺山者甚多攻之論者因其文而重
其人反為之斟飾迴護比比皆是眞為陋習故不可以不辯
十九日晴
惇邸薨逝
上奉
慈聖十八視疾十九臨喪篤念懿親家法也
二十日晴
作寄安圃書並寄三兄卌金
文心雕龍余所藏乃馬曰璐校藏天啓刊本雖升庵評點不善而峡

本經名賢校證殊佳明張之象刊本分上下篇而序志別為一篇此本尚

從隋志十卷之舊梅慶生注庚辰具梗槩多所未備黃崑圃先生輯

注較詳四庫收黃注而提要亦譏之是雕龍無善注本也

二十一日晴夜雪

連得安圃十三十八日兩書是日節署開幕例宴余避囂與菊耦同

飯夜省師談往事自己卯以至今日一星周矣

閱邸抄屠仁守請密奏條陳仍書

皇太后聖鑒奉

懿旨以其違臆窺測開去御史交部議處

聖母以簾聽為權宜之舉本旨已擬
純廟授受盛典守禮之嚴卓越千古矣
朱子之學於論蘇氏極不平余嘗記之矣茲復摘其數端如論
蘇氏云。坡公首為無稽游從者從而和之豈不害事又云東坡之
德行那裏得似獨公答汪尚書云害天理亂人心妨道術敗風教
豈盡出王氏之下凡以二蘇與洛黨忤也一念之偏雖大賢如晦翁
猶不得其正況其下者乎故論事當平心所謂公生明也
二十二日晴
黃花農張楚寶士珩戊子舉人合肥師之甥來張作易為書文以電報

電燈分比麻奇警

朱子云今人觀書先自立了意後方觀書牽古人言語入做自己意思中來如此如何得見古人意思須是虛此心將古人言語放前面看他意思倒殺向何處去如此方有長進先自立意甚中余病不從讀古書即論事見客亦如是不如虛心以應物也

二十二日晴

錄政龢旨合肥賞紫韁

本朝漢臣賞紫韁者兩楊侯遇春芳及曾文正潘文恭與合肥師是五人

餘祥卿報

得鄭苓泉給諫書來乞講席作書復之晚得再同書並寄

張太岳集

二十四日陰夜雪

夜梅若以代擬紫瀾謝表見示楊蘭野来

義山之詩沈博絕麗而史稱其放利偷合詭薄無行朱長孺注其詩猶以為失實其言曰令狐綯之惡義山以其就王茂元鄭亞之辟其惡茂元鄭亞以其為贊皇所善綯之繼父、洋陰尤甚贊皇失勢與不逞之徒竭力排陷此其人可附離為死黨乎義山之就王鄭未必非擇木之智渙邛之、公好而目為放利偷合詭薄無行則必將朋比奸邪擅亂朝政一如八關十六子之所為而後謂之非倫合非無行乎徐湛園之說則曰義山為楚門下士黨牛之黨者也茂元所恃不獨衛公從並非義山本懷集中刺衛公詩不一而足謂黨其負恩之黨亦不信也馮孟亭調停其說謂小臣文士絶無與於輕重之數似矣而又謂義山既以綯力得第乃心懷躁進遽託涇原此舊傳所云綯以背恩惡其無行也既而赴鄭幕者所以重綯之怒最後在盧在柳皆衛公所賞識聊謀祿仕並非黨李之黨亦非黨牛之鄉惟統觀全集其無行誠不能解得第去仕背恩而赴涇原茂元卒又修好

乙丑

於令狐令狐出剌吳興又應桂管之辟桂府還罷衛公貶
令狐入居禁近則又屢詞祈請如醉如迷迹陶宿憾不釋乃
絕望而以漫成五章隱附衛公冀貽重於千載後一人之筆
矛盾互持植品論或刪無定守徒博後世浮華無實之誚
悲夫三說各有所見願世之讀玉谿詩者自擇焉
余取舊新兩書讀之則三家之說皆非也舊傳商隱既為茂元從
事宗閔黨大薄之綯以商隱背恩尤惡其無行久之鄭亞請為觀
察判官大中初亞坐德裕黨貶循州商隱隨亞在嶺表明年綯相
屢啓陳情綯不之省為徐州書記府罷入朝復以文章干綯乃補太

學博士商隱與溫庭筠俱無特操恃才詭激為當塗者所薄名宦不進坎壈終身新書則以茂元善德裕而牛李黨人蚩謫商隱以為詭薄無行亞亦德裕所善綯以為忘家恩放利偷合云夫舊書於義山尚有貶詞而新書則無之所謂放利偷合詭薄無行乃綯及牛李鄙人指摘之詞非史論也長孺知為義山辨而誤以時人浮議為史家定評是讀史不審也湛園以為義山負是牛黨則更謬孟亭調停兩家之說而以為義山忽李忽牛此類人滔滔皆是存其論足以風世然既注義山之詩不以責綯而以責義山豈篤論也夫贊皇之與楚不啻不如牛李之深讎也茂元之為贊皇所善義山

未昏之光度，不深知其時綯之黨徼，方薄不能陷義山於祕道，豈能禁其不昏不宦，則義山之應陞陽不得謂之負趧，何背恩無行之有？及令狐出刺吳興，鄭亞出膺桂管，正衛公秉政之時，令狐方不肖以牛黨自異，見義山在桂幕中，安知其不互相引重，冀其以文徼鄭亞而上達衛公，則所謂放利偷合者亦可相後進恩拒絕之辭，而非當時已有此貽根之語。其忌衛公忌其權也，其忌義山忌其才也。小人得位，無所不忌。義山不悟，而猶有所祈請，君子情之哀之，何忍苛於飢寒之才士，而原夫責備之乎大雅耶。有所祈請之注家據安知陰有其事也不然也玉表舊書之責商隱無特操

似確評矣而所謂詩才詭激為當塗所薄名位不進設傳終
身則所識何其陋也夫當塗所薄而名位不進此一定之理也若
其詩才則無確證且其人為賢相所薄史亦薄之可也其人為
權相所薄史亦從而薄之何也有無特操而名位不進者亦有
特操而名位不進者又可以誤彈而印斷其為詭激哉夫使義山
果達則其人不在文苑傳中在文苑傳中其名位必不進然則一
卷文苑傳其人皆無特操者耶所不解也惟是文人自處
則當自審其出處交游之際以免言行悔尤之端而於沈顯
晦不與焉一詩文亦當擇人而施之誤貽朝政譏及人倫哉

不足自立轉為天下後世指摘之地是以文自害也悲夫

二十五日晴

與菊耦作賀儀師贊簽潘詩仲彭亦有和作晚過桐庵商定

先輩日課

簏中有鈍吟集一卷和督劉覽因檢玉谿詩得之其詩乃與二十

六體者偶閱其文稿多小碎之作有廿一史論亦無心得語

二十六日晴有風

過于晦若論詩於宋取王介甫蘇子瞻與余同論合贈余汲古閣本元

遺山集稍有蠹蝕命肆工補之

得安姪書廿四日發楫舟攜回知叔母病漸痊

二十七日晴有風

夜與合肥師論詩 師以余近作頗似小杜余何敢當因取樊川詩論之世動以樊南與樊川並稱實則小李非小杜敵也 四庫提要引其寄小姪阿宜詩曰經書括根本史書閱興亡高摘屈宋豔濃薰班馬香李杜泛浩浩韓柳摩蒼蒼近者四君子與古爭强梁以為牧於文章具有根柢宜其睥睨長慶輕似豔而未足盡牧之之生平也夫牧之之時黨人方熾乃為牛僧孺之書記而不入牛黨論兵策論回鶻為衛公所賞而又不

入李蕢觀其所注孫子兵法，信一代奇才，學識並超，罪非宋詞遠
時輩，不得僅以詩人目之。其人既才學均超出元白之上，故餘事
作詩，猶能豪邁，如此視義山之周旋節幕不能自振者異
矣。故余論詩必以人品為主，固裁之，是持之有故耳。

二十八日，晴，有風。

吳繼兵脊仁來，時赴通永任。

何義門讀書記：牧之、義山俱學子美，牧之豪健跌宕，不免過於放，
學者不得其門，未有不入於江西派者，不如義山頓挫曲折，有聲
有色，有情有味，所得為多。余謂牧之不專學杜，其詩云：杜詩韓

集毖來謨似倩麻姑癢處搔可證謂學牧之易入江西派亦不道

宋以後雖學樊川耶

二十九日晴

晨起廣樵督仁廉來午後李貢臣過談晚閱書院決科

卷幕府諸君閱定余偶觀之耳 過惺庵小坐

得廖穀士符觀齋及八弟書

是日見 大婚優賚近宗內廷外藩恩 旨

覃谿跋南宋槧穀二種云世傳槧穀論二種其全本元祐祕閣

本也坐越州學舍重摹入石此後惟文氏停雲館所摹前一本

是其嫡裔其不全本宋高仲學士所藏石本後至一短行僅存一海
字止故名海字本宋時人極重之勒諸越州石氏帖其後又有博古
堂帖重摹之長洲文氏所摹不全本是博古刻又失其末後三半
短行竟無人知為海字本矣惟章藻仲玉刻於墨池堂帖之不全本
乃是從越州石氏本出者徐澧長謂筆鋒纖毫俱到何義門
謂其每字首尾波為虞永興所得者是也 節錄
內人嗜槃豉論跋錄之按此跋亦不見董氏所翻本也可以互證
單縣又有書義山贈杜司勳詩後晉力闢此詩自見杜牧書丹
作碑而慨衛公之舊說曰云清秋一首杜秋詩安知非退說大中上

年之秋則牧之為司勳未可執為必在三年全謂江總總持具皈
依妙教之義殊失之固而鑿　案清秋一首杜秋詩或載作杜陵
他本皆作杜秋馮注以為當作杜陵亦泥　末句漢江遠弔西江水、羊祜
韋丹俱有碑、一時如衛公桂府之貶死已及小杜之仕宦無成均在意外必
指一事以實之詩如嚼蠟矣
三十日陰
二月初一陰
王洪文来兩日讀書都無所得
初二日晴

得王雲舫庚棠秩書 安姪書 八弟六有書 舉生一女 紅姬出 五月初八日
亥時生 並得保甲局差
初三日晴
午後与內人論詩良久 略話他事 亥刻蒯理卿編修光典來
閱邸抄 有吳大澂一疏
晉書陶侃傳 蘇峻之役 庾亮輕進失利 亮司馬殷融詣侃謝 曰將軍
為此非融等所裁 王章至曰 此章自為之 將軍不知也 侃曰 昔殷融為
君子 王章為小人 今王章為君子 殷融為小人 以此觀之 人固難知〻人
亦不易也 士大夫立身處世 惟當持以敬慎 見一君子 當生思齊之志

于艸堂石影

凡一小人當生內省之心器之作一世君子尚恐有行百里半九十之慮況小人乎世動以偽君子真小人立論並偽君子究勝於真小人也吾取陶士行語非以苛人特以課己耳

初四日晴

午後答理卿入城過子久中刻周玉山廉訪過談夜葉子晉自滬來

閱陶詩竟乃翻刻湯本也陶詩何待注亦何待評以子瞻之天才和陶而終不似陶之可知矣

初五日晴

宗湘文自浙來以所作國朝古文彙鈔（所刻）廣蠶桑輯補及許增

新刻各家詞見贈

初六日晴

曾聖與同年之撰道仲彭為合肥診脈就余一談詢吳中故

人為之悵然午後答湘文見其子舜年字子戴戊子舉人

初七日黃埃蔽天狂風竟日

曾聖與以其師潘欲仁子昭疏瀹論見示其大旨主漢書溝洫志關

竝之說謂瀹字三口當分河為三道入海不異荊公字說因思邑

慎伯水衡一句以史記之釃為二渠為貳渠乃副渠而非分為二

背章強無理通經不必致用致用不必通經無怙乎春秋三傳之束高閣也

箇中取臨川集思与李注荊公詩互勘一過

四庫提要臨川集　百卷之內菁華具在其波瀾法度實足自傳不朽朱子楚辭後語謂安石致位宰相流毒四海而其言與生平行事心術略無毫髮肖夫子所以有於予改是之歎斯誠千古定評矣　余謂介甫為人譽之曰高奇毀之曰執拗今觀其詩文則矯世變俗之概與其果於自用之病無不流露於字裏行間其言與其行事相肖朱子之說非篤論也夫文章

愈尊古則愈高，淹濟愈識時則愈合，介父自是泥古而不通
時之人，然其心術則並非金壬可比，宋之為宋因陋就簡，文武酣
嬉，即不用介甫，而前如慶曆，後如元祐，皆史之所推為主聖臣賢
者，實則一味粉飾敷衍而已，不足云治世也。宋之亡自亡於哲徽京檜，
不得咎介父也。即使司馬光、文公著輩長在相位，引用洛朔諸賢，
而終日擾攘，唯爭朋黨，於國計民生、敵國外患了不講求，亦何補於
宋哉。當時唯坡公洞達民情，深識國勢，如唐之贄、暨明之江陵
一流，皆其猶染黨全六一習氣，動喜安佚，而君朝不大所收羅，
從黃、張、晁、秦諸人，特詞客，非大才，蜀人如范純父、呂元鈞輩可

有為亦進用已晚不能與因鄉抗行終宋之世蓋無人焉又何
必獨責介甫
初八日雪頗寒
陳仲勉叔毅及其六弟寶瑄同來得伯潛書距甲申冬在螺洲
話別六涉歲矣留之午飯而去即日放舟遂不作答晚同合肥師
過梅若略談夜命酒微醺
任慎伯所著安吳四種余未嘗細讀合肥處有此書假而閱
之或以為文過默深宜廣余覽其通涉叶頗蕪雜於嘉
道鹽漕河議透澈而歷詆時賢處處語過於人陳美於

已娶不離乎幕派不足尚也
余嘗以任安乞援於子長其答書者絕語多激憤慎伯說與余合
願其意尚未詳盡他日當更論之
初九日陰頗寒
見羅興之崇齡羅郁先生之孫也
包慎伯論魏其武安列傳以史公贊曰魏其武安皆以外戚重而復
繼以禍所從來謂既憂世之微言而重斥外戚余曰不然魏其武安
傳史公之筆迴環頓挫至顯至微余蓋百讀不厭其禍所從來
一語包孕無窮姑以臆言之魏其之陰用籍也以折景帝擅傳梁王

之語為竇太后所憎也並吳楚反時帝於諸竇中獨召嬰示必然此及其爭梁太子不得則上終不相矣武安於上前短嬰直謂其辟倪兩宮闚幸天下有變而欲有大功此何言也而上不窮詰之並則後有以證語懸空問者何言哉不過謂其嘗爭梁太子非心乎武帝者耳夫武安雖暴何以必殺魏其哉魏其與灌夫如父子甚灌夫持其陰事受淮南王金與語言此武安之所深忌者也■曙解頡門之業以出而其必死灌夫以此不死魏其則灌夫或不即誅而陰事上聞矣根所受之遺詔尚書大行安得無之皆武安之壅蔽而已結之以武安迎淮南語而上曰武安在者族矣魏其之所以族者可知矣此禍所從

東之一說也魏其之後出以吳楚其特薦則袁盎二人見而即請誅鼂錯案盎傳鼂錯欲治盎猶与未決袁盎恐夜見嬰言吳所以反者願至上前口對狀嬰即入言召盎所謂吳所以反即謂因錯而反也錯言削諸侯地猶嬰爭之及東市之斬實嬰盎進說其誣錯也視武安誣灌夫尤甚武安之死見魏其灌夫共守之盎之被刺亦以家多怪乃之棓生所問占夫盎以家之怪使巫視之必鼂大夫也即武安之必欲殺二人若有憑之者使巫視之亦必鼂大夫也人但知武安之冤魏其而不知魏其之冤鼂錯故魏其之族所以報鼂錯之族錯家穎川灌夫家穎川可畏哉此補所後來之文說也

得高陽書以愛女久病求紫脩天葵所作書復之

初十日陰

洪翰香楊蕉甫均來

慎伯云天監井闌在茅山可辨者尚有數十字字勢一同瘞鶴銘其字圓者則篆法結法悉同可證鶴銘為隱居書而逍翁請匡之說嚴矣

十一日陰

寄安圃書

答慎伯與楊季子論文書曰記事而敘入其人人文則在雜史記點竄

內外傳。戰國策諸書。遂如己出班氏襲用前文微有增損而截止為兩家斯如製染冶金隨其鎔範馬班紀載舊文多非原本故史記善賈生推言之論而班氏典引直指以為司馬始皇紀後無蒐載賈馬之名賈生之文入漢書者乃改其意氣而過秦殊科則知其出于司馬刪潤無疑也余嘗預史館見纂公牘以作列傳已是難事後從漢人創稿鋪敘無雜更覺修飾為難若馬班所點竄秦漢人原作安得不佳然班之去馬則遠矣余別有文摘之不具錄也

十二日晴漸和

得高陽復書

慎伯有摘鈔韓呂二子題詞云文之奇宕至韓非平實至呂覽極天下
能事矣其源皆出于荀子蓋韓子親受業而呂子集論諸儒多荀子之
徒也荀子外平實而內奇宕其平實過孟子而奇宕不減孫武然甚難
學不如二子之門逕分而塗轍可循也劉通賈生出於韓鼂錯趙充國出于呂
至劉子政乃合二子而變其體勢以上追荀子外奇宕而內平實遂為文
家鼻祖蓋文與子分自子政始也 案慎伯此說可為臆造呂覽出自諸
客其時儒分為八安得盡屬荀子之徒至云劉賈出韓鼂趙出呂亦無
確證劉自是策士餘習賈生深於諸子百家師事吳公由吳而李斯謂之
似荀猶可何嘗似韓既不得以史公有賈生鼂錯明申商之說誤以賈

為法家況鼂錯生明是刑家而以為似之尤不根矣西漢文字如趙充國者
不少獨以之比鼂而以為似之二非也至謂文公仁義韓之文公與之政豈韓
氏所能該括者如此論之直其井底之見所謂村學究見解也陽湖派大
文及魏默深龔定庵輩則不免此蔽而慎伯尤武斷之雄放
近日所行絳帖十二卷每卷末題淳化五年歲在甲午春王正月潘師旦奉
聖旨摹勒左翁單騎云此偽本帖中樊遜訛作樊退郎字孝謙北齊人員外
丈與温子昇俱訛為南齊人此明時澹常帖時偽刻王良常所引絳
帖皆是物也惟孫退谷所見真本止十卷跋系之則二十卷云
十三日晴仍寒

仲彭入都會試遂遂登舟

十四日晴

寄復王蘭居同年萩辰及其子石琴茂才焜書

史言陶淵明爲鎮軍建威參軍本無王名李善注引臧榮緒晉書

宋武行鎮軍將軍宋武鎮徐州曲阿乃其治所陶文毅謂淵明斷

本為宋武幕僚其所佐者乃劉敬宣也包慎伯駁之曰敬宣以乙

巳加建威將軍為江州刺史未嘗為鎮軍荊溪周濟謂隆安三

年為武陵王遵鎮軍參軍移家都下義熙元年乃從敬宣

為建威參軍慎伯駁之曰遵在都留臺暫奉為大將軍並無

鎮軍之名劉毅謂敬宣過優即解職去其去當在夏秋之交淵
明以八月任彭澤與建威將軍相接詞序不得云家貧不足自給
親故勸為長吏求之靡途家叔用為小邑也其時沈田子朱齡石
皆為建威何取於敬宣而以為義撐未哉余業文毅之意特以
彭澤近江州耳實則淵明之高致正以嘗為宋武幕僚而不
肯仕宋乃見其高不必橫生葛藤支離搪飾也

十五日晴有風

伯行自英吉利來與其弟仲絜偕 仲絜名經矩

與李桐庵秀才言吾直科名 本朝共得鼎甲幾人錄之於左

呂纘祖滄州榜眼　李爽棠大興探花　均順治丙戌　張永祺大興榜眼　順治壬辰

戴王綸滄州榜眼　順治乙未　黃叔琳大興探花　康熙辛未　魏廷珍景州探花　康熙癸巳

陳德華安州狀元　雍正甲辰　田志勤榜眼大興　雍正癸丑　俞大猷探花大興　乾隆壬辰

勵玉清天津探花　乾隆甲辰　陳雲宛平榜眼　乾隆癸丑　張之萬南皮狀元　道光丁未

袁績懋宛平榜眼　道光丁未　張之洞南皮探花　同治癸亥　陳冕宛平狀元　光緒癸未

共十五人而大宛八人皆他省占籍者天津得五人可謂盛矣然人得科名而重實科名得人而重其中功德言足傳者不數人餘皆草木同腐而已科名云乎哉

十六日晴陰相間

伯行言倫敦氣候時有大霧出門而歸則面目皆黑衣皆如染緇
非樂土也巴黎則不然
十七日晴
寄八弟書
十八日晴
衛達三實制軍李漢春同來吳摯甫州牧解冀州而就蓮池還
晚見訪晚過梅君
十九日晴
午後答摯甫

前紀吾鄉鼎甲因及安徽鼎甲以資談助

程芳朝 桐城 順治丁亥榜眼　吳國對 全椒 順治戊戌探花　孫卓 宣城 康熙己未榜眼

吳昺 全椒 康熙辛未榜眼　戴名世 桐城 康熙己丑榜眼　張廷璐 桐城 康熙戊戌榜眼

梅立本 宣城 乾隆丁丑榜眼　韋謙恒 蕪湖 乾隆癸未探花　黃軒 休甯 乾隆辛卯狀元

金榜 歙縣 乾隆壬辰狀元　吳錫齡 休甯 乾隆乙未狀元　程昌期 歙縣 乾隆庚子探花

趙文楷 太湖 嘉慶丙辰狀元　洪瑩 歙縣 嘉慶己巳狀元　龍汝言 桐城 嘉慶甲戌狀元

凌泰封 定遠 嘉慶丁丑榜眼　戴蘭芬 天長 道光壬午狀元　李振鈞 太湖 道光己丑狀元

呂朝瑞 旌德 咸豐癸丑探花　孫家鼐 壽州 咸豐己未狀元

其廿人黃軒金榜吳錫齡三科大魁蟬聯亦佳話也

二十日晴

呼孫荼孫來命之赴蘆臺與九弟議陳氏姊歸葬事談次淒然同產十人今存者三人耳三人者皆愚不肖家聲誰與負荷不禁淚下

二十一日晴

晚與伯行詢英國事知永樂大典在其博物院中一書亦不全且憤且歎

廣陽雜記大興劉獻廷繼莊著其記吳梅邨云順治間吳梅邨被召三吳士大夫皆集虎邱會餞忽有少年投一函啟之得絕句云

千人在上坐千人一半清朝一半明寄語婁東吳學士兩朝天子一
朝臣舉坐為之默然余案梅村之出志墓者謂其重違親意流
涕就道其實當事有白衣召至白衣還之句頗欲追蹤鐵崖雖文
人羞於梅通並一錢不值耿耿之病中究非東澗盡津之比似不至有臨行
會錢之事惟梅村以十年内召而是年有虎邱禊飲九郡人士至者
盈千第一日慎交為主次日同聲為主將以接近西銘聯鑣以社會
郵有詩存集中夫以勝國孤臣方當隱匿韜晦之不暇而忌於目
煙乎况距援贈馬國柱之詩尤遠宜乎空穴來風遭蔑侮弄矣

二十二日晴

伯行入都

二十三日雪

獻夫來談

二十四日晴甚寒 是日風甚大火車傷人

果不香趙果臣自津來朱贈文選集釋一部蘭坡先生著吳竹臣

秀才過此入都道卿之子名本齊有龍世杉者江西通判來晤獻

联談極陋俚四川人午後蒼來趙不值晚之君復來

廣陽雜記以頭等侍衛為一等蝦此不攷之論蝦當作轄乃鈐轄之

意以音讀轄如蝦臨文亦誤不知滿洲語皆本漢義侍衛名蝦

是何義也

二十五日晴

鄭業斅者云恪慎公之姪孫屢來謁以師誼姑見之獻其所作金石志亦不長於考證嘗為王壬秋隨員其人可知矣甚悔破例延入也

廣陽子云酈道元博極羣書識周天壤其注水經也于四瀆百川之源委支派出入分合莫不定其方向紀其道里數千年之往迹故瀆如觀掌紋而數家寶更有餘力鋪寫景物片語隻字妙絕古今誠宇宙未有之奇書也其書詳北略南世人以此少

之不知水道之宜詳且在北而不在南也北方為二帝三王之舊都二
千餘年未聞仰給于東南何則溝洫通而水利修也自五胡雲擾
以迄金元千有餘年人皆草草偷生不暇遠慮相習成風不知水
利為何事故西北非無水也有水而不能用也不為民利乃為民害
元虞奎章集言之鄭太史敷坡修之未畢上麼有明三曹
年更無過而問之者矣曾聖人出經理天下必自西北水利始
西北水道莫詳于此書水利之興此其嚆矢也乎千年以來無人
能讀雖有讀之而歎其佳者亦只賞其詞句為時記詩賦
中用耳然六千萬中之一也其意欲以二十一史輿地志攷合讀

史方輿紀要傳是樓一統志稿及黃子鴻水經注圖輯錄疏之以
為治西北水利張本偉哉此論惜其書不成也今水經注箋釋
善本推趙一清所載吉士校本則據永樂大典輯出初無詳校全
謝山七校本趙氏極為推許未見刊行信乎此本之難矣
從蒲又言欲取酈注疏之魏以後之沿革乘續之補之有關於農
田水利攻守者必效前其所以而論之以二十一史為注而附以諸
家之說以正乎今日後有興西北水利者有所取正焉此書亦成
皆有志宗夏勉之
宗夏黃甘瑚字歙人後從李剛主

二十六日晴有風

九弟自蘆溝臺來與商四姊葬事

乙丑

明馬程潘基慶南華會解以內七篇為宗而以外篇雜篇類從
王道逍遙遊則附以繕性至樂外物讓王諸篇齊物論則附以秋水
寓言盜跖三篇養生主則附以刻意達生二篇人間世則附以
天地山木庚桑楚漁父四篇德充符則附以田子方知北遊列御
寇三篇大宗師則附以駢拇徐無鬼則陽三篇應帝王則附以
馬蹄胠篋在宥天道天運說劍六篇而以天下一篇冠於冊首
為莊子自序金聖歎則刪讓王漁父盜跖說劍而置天下於
後葉會解四庫不收殆以其類徑舊次與梅士享之詮敘
權予倒但以天下為莊生自序實權論也特前分附不甚切合

耳
羅[illegible]道云正獲乃大射有司正司獲見儀禮鮮〻以牛云白顛乃天
子春有鮮祠見漢郊祀志膚子乃等當塗之子猶周公卿之子
稱明子羲〻猶儀〻其脰肩〻乃見攷工記梓人為簴文數目
顧脰肩即顧字余以刊政讀莊子一洗向郭不意有先我而
言之者
二十七日晴
九弟來晚瞿子玖同年入都過此晦若以湯伯碩所作槃薖紀
事初稿見示

二十八日晴

晨起秦吉士綬章夔揚吳仲見過癸未庶常服闋補散館入

都出答子玖及二秦

二十九日晴

余在塞上欲輯舊晉書悉已有輯之者無書馬竹吾有目略具體例而

未果昨與雅若商之雅若為攷近人書目均無之因從臾以輯舊書

為新晉書作注蒐羅稍博暇取唐宋類書及三國志宋書水

經注世說新語注文選注之類命鈔胥集為長編再議其詳

例焉

三月初一日晴

何蘭孫來得子峨書並贈漢書葛布鼻茶及醃子峨已就潮州韓山書院之聘矣

終日閒適自佳然光陰分寸亦復可惜記唐子西文錄引蘇黃門語曰人生逐日胸次須出一好議論若飽食煖衣惟利欲是念何以自別于禽獸日存此念每日于經史子集必詳攷一事以免坐荒此治心之一策也

初二日晴有風

史通論贊篇曰大唐脩晉書作者皆當代詞人遠棄史班近

宗徐庾天以飾彼輕薄之句而偏為輕薄之文無異加粉黛於壯
夫服綺紈於高士者矣景知幾譏房書是也今以各家晉書雜
放歷可正其疵謬之讀史一快也

初三日陰微雪

以墨林山人白描蘭亭圖請合肥師題其端過晦若小坐

初四日晴

黃花農何蘭孫自來晨遣馬勇送紫皆天葵與高陽復令
描順赴通州取墓碑
陶淵明有責子詩杜工部以為不達然其子儼俟份佚佟乎無

顧者義山衆師之驕譽之愛之茲亦無所成就視冬郎相去遠甚並則玉溪之賦命窮薄此其最可慨者不獨窮仕不如畏之匹也李師他出目督兒子課程此示之

初五日晴

遣人運墓碑至胥各莊

初六日陰

薛叔耘入都過此作甯波答詩附錄修張可發

初七日晴

得高陽復書

以李鴻藻崑岡潘祖蔭廖壽恒典會試

韻語陽秋皇祐三年荊公倅舒與道人文銳弟安國擁火游石牛洞玩李習之題字聽泉而睞故有詩曰水泠泠而北出山靡靡而旁圍欲窮源而不得竟悵望而空睞元豐間魯直嘗至其處亦題詩云司命無心播物祖師有記傳衣白雲飛而不度高鳥倦而猶飛蓋效其作也恐無從讀楚詞載荊公詞以為二十四言其亦蓺羣言之遺昧故與經學典策之文俱傳不曉其說也案任淵注謂石牛洞在舒之三祖山山谷寺魯直嘗游而樂之自目歸山谷道人是語箭於荊公同愛山谷未必非同鄉先達略寓景行之意也及次韻荊公西太一宮壁詩

云真是真非安在人間北看成南有懷半山老人再次韻則云草元不妨準易論詩終近周南推許至矣其次章云啜羹不如放麑樂羊終愧巴西欲問老翁歸處帝鄉無路雲迷任注以為惠卿之忍政如樂羊荊公之慈當与西巴同科也此說亦泥按蘇子由謫呂惠卿云放麑違命也推其仁則可以託國食子徇君也推其忍則至于弒君詩言惠卿之營私書識忍子由彈之是也實則荊公與神宗始終一德死生相從非惠卿所能間亦非後之議新法者所能間也迴護至矣蓋於荊公初無貶詞

初八日晴

王闓運字壬秋壬子湖南舉人曰晦若相見嘗主尊經書院丁文誠客也

初九日晴

語曰避文人之筆端辯士之舌端武夫之劍端夫劍端惟亂世之强藩悍將為可慮否則殺人者死邦有常刑尚不若筆舌之能榮辱生死人也莊子曰兵莫憯于志鏌干為下諒矣雖然在為文人則因以見道者是非褒貶之當辯於人心天理之公在為辯士則辯給不窮者反復精詳之當合於往古來今之勢惟夫以小人之筆端讒人之舌端則亡兩為有白黑倒置賢否混淆最為可畏而天下比比皆是奈何

初十日晴

于艸堂石影

十一日晴　夜雨自十二日巳午止

趙寅臣自蜀過談午後答之并存眉都回九弟遣楊順來取

立碑工項

十二日晚晴

復母圃及九弟書答王壬秋不值

余日有讀書之暇而苦於善本之不易得且無一二好事能爲致善本

者可慨也

陳無己寄東坡詩經國向來須老手有懷何必到壺頭元遺

山笑趙閑閑云贈官不暇如平日草詔空傳似奉天以老手對嗟

頭以平日對拳天究属未工而論詩者皆以为名句亦耳食之談

耳

十三日晴

十四日晴

十五日晴

以佛語入史則史病以佛語入詩文則詩文病余思取晋宋諸書

涉釋氏者皆雜之而白蘇兩家詩具言佛者亦可議也此說為救

刪何休康成注中讖語圖之國救之論然必有不樂余言者

十六日陰

昨論山谷不脫荊公議其神宗挽詞云昔在基皇極師臣論九疇望
以箕子比之未免溢量
山谷題姨母墨竹詩句曰人間俗氣一點無健婦果勝大丈夫用古樂府
健婦持門戶勝一丈夫呼從母以健婦殊不得體且於墨竹全不關
會此無乃近於傖父乎設公集中決無此其次子瞻和王子立風雨敗
書屋詩起筆云婦翁不可檛王郎非嬌客特聲明子立為子由之
壻而已於風雨敗屋亦不切也板板節節而為之是其病矣
山谷有記夢詩一首洪駒父詩話云山谷云嘗從一貴宗室攜伎游集
寺酒闌諸妓皆散入僧房中主人不悵也追齋夜被以為山谷夢一道之游

蓬萊作之人皆親聞山谷之言而吠誤若此余謂皆山谷飾詞也其詩曰得
趙居士今為韓川効厥孜祕書著作而作其詩曰衆真絕妙攤雲居
雲居以況宣仁衆真以況羣輔借問琵琶得聞否雲居迺前妓搖手
言宣仁已捐以趙居而韓川不與之也下文羣棋壞爲指同時言山谷為難
者語去奈此雲窗霧閣何言天闕為雲霧所隔蔽也其指甚明
並六微論矣 讀通鑑長編韓川劾庭堅所為輕翻浮豔素無士行
邪穢之迹根籍道路詩中窗中遠山是眉黛席上楢
花皆舞裊蓋自解其少年時詞皆寓中語而非實迹也庭堅既暴彈孔
武仲陳軒為左右史軒乃傳堯俞許將于通迩以大防者詩中兩客
爭棋爛斧柯指許傳一兒壞局居不可言如軒者無人論列之耳 此解
甚明了趙山谷於九原當亦乾笑而已

于艸堂石影

津門日記

光緒己丑三月十七日晴

復再同書

曉嵐先生書山谷集後曰涪翁五言古體大抵有四病曰腐曰率曰雜曰澀求其完篇十不得一要之力開窔奧亦實有洞心駴目者別擇觀之未嘗無益也　七言古詩大氐離奇孤矯骨瘦而韻逸格高而力壯證以少陵家法所謂具體而微者至於苦澀鹵莽則涪翁處處有此病在善決擇耳但觀漁洋之所錄而菁英亦略盡矣

涪翁五言古律皆多不成語殆長吉所謂強回筆端作短調耶

五六言絶皆粗莽不成詩　語翁七言絶佳者往往斷絶孤迴骨韻天拔如倜儻崎嶬風泉泠泠然粗莽支離十居七八又作平調率無味人固有能有不能耳　東坡評東野以之於蟹螯亦謂山谷亦然於毛骨見畏中剝得一臠自是清味不必遽屠門大嚼也要在會心領略耳

捷盛於黃詩極推許乃覃溪先生所作觀此知紀文達於谷詩所得甚深故品題精刻如此　文達評蘇詩雖蹈明人批點習氣然足以藥魏學坡詩之病此論尤江西派所宜知近人於詩學殊無淵源惟守伯言一派者尊黃過甚吾國素紀文達之說而盡錄

云

十八日晴

石洲詩話云宋人七律精微無過王半山至於東坡則更作得出耳阮亭嘗言東坡七律不可學此專以盛唐格律言之其實非通論也又云太白仙才獨缺七律得東坡為補作之然已隔一塵矣余謂東坡之才不知者動以太白擬之非也太白守六朝甚謹其自開世界不如子美坡公則開宋詩世界者謂其作宋之子美則可謂其作宋之太白則豪可所作七律避盛唐而近中唐姚姬傳云東坡天才有不可思議處其七律只用夢得香山格調其妙處豈劉白所能望哉然坡之七律亦不得不劉白格調要之坡才何所

不宜而幽冷多筆太庾專以開合動盪破西崑之飣餖而率易之病間出硬介爾則近於疎略當從迺而學之耳前尊之王貽之皆皮相也

十九日晴

偶閱平齋文集乃洪都轉汝奎所刊本咨夔宋嘉泰二年進士上書衛王自宰相至州縣無不据摭其短遂為時相所忌十年不調亦抑塞磊落人也宋史本傳稱其直言疏有濟王之死非陛下本心為史彌遠所損其品可知

今山谷詩通行本內集任淵注外集史容注別集容之孫季溫注案平齋文集有豫章外集注序曰眉山任處士驥天成撥蔭科舉之累真

積學書無不覽愛公詩若著欲並以內集有任子淵注目注外集十二卷子蓬以名卿守蜀鋟之与史注十七卷之數不同惜無可校矣

二十日晴有風

寄復八弟書稍稱安命兒曰壽扶又作安姪一書並復仲彭數行

二十一日晴有風

巳刻由署至王道莊上火輪車未刻至蘆臺李漢春楊瑞生均來迓甚

二十二日晴有風夜雨雷乃發聲寒御灰鼠裘

由蘆辰初上車巳初至胥家莊飯午初由莊回里已申初矣

二十三日晴復易棉衣

午後至山王紫霞復視壽穴遣族人至韓城趁虛買雞魚備明日

掃墓祭品

二十四日晴

晨起恭詣 高祖 曾祖 祖塋行禮復至 周元阡暨 二叔塋地

行禮而歸

二十五日晴大風天過煖袷衣猶汗

族人貧無業余警以游惰勸其盡力耕織其無田者日織一席以

三百錢蘆可得九百錢（此就東錢言） 豆支一日飲食之費甚於遊〻居無斁

游手好閑多矣不尔雖入周以錢徒資飲博無益也

二十六日晴

買山王岩地七十八畝有奇每畝十金（中廿三畝每畝十五金餘皆十金）作書遣人

至縣税契

二十七日晴

送廉氏姊葬申初合窆循周元阡而睞松柏十年都成拱把歲月深矣感慨何窮即日立神道碑四月初可以竣工也

二十八日晴

未刻至蘆台與九弟夜談

二十九日晴

由蘆回津午刻至署李漢春自東來得世圖湘文載之鴻民書

三十日晴

寄吳清卿書

四月初一日晴頗寒

得再同書九弟書來復之

初二日晴

復再同書午後寄九弟書遣楊順回蘆黃花農晨兵南皋約未

李叔倫以優貢入都名經叙 合肥師之胞姪伯行本生之母弟也年

廿三歲謹飭不浮

初三日晴

沈丹曾都尉翊清自福州來以優貢入都朝考贈竹柏山房十五種

林文忠四六左山房集壽山石六方棗餻四匣並得王蘭君父子書午後

何士果孝廉來訪子峨之子也

初四日雨午陰時麥苗望澤甚切雨未透也

午後士果又來談

初五日晴

俗務略清檢點書史寄復八弟及戴之書

初六日晴

生母毛太淑人忌日不肖三年不與祭矣偕婦子奉箋遺置豆愴感久之自己卯至今十年余亦感以此日而赴戍亦以此日蓋居廬之廬廿七月居邊卅七月耗殿五年有餘此五年中家國之感豈知萬端以一身極此沉顛曬悲歡離合之態可為奇矣

初七日晴

吳蘭石同年自保定來石賭之秀才自宣府來皆去年在郡送余入關者務之惘然者久之得龍琴祥作此書

聞其賢書院側有周氏別業甚幽雅同策騎訪之室則周海舲
捷督所營惟後明有紫藤一架方作花餘皆崔椽文章不足
觀幽遊略將花肆而蹀塞上有傍趾雨盆甚久為異今編地
皆是仍市雨盆以志無忘在莒之意

初八日晴大風

夜署後河灘草料場火風勢甚猛火光燭天久而始息天津內府
火患故水會甚盛　還朱存隱周世琮回里

初九日晴

電傳會試全錄允言中二百一名萱簃中趙幔庵繼泰張謇之季

薄酌中

初十日晴

兩日來與九弟通電商作屋事，午後孫茶蓀來，以壽山石三方交刻

十一日晴

寄八弟及劉省三書，黃花農來，午後崔惠人同年自都來，時充美國使，匿我弟及周世境，蕃蓀自里回

十二日晴

復龍樹琴書、宗湘文書，過惠人，合肥留宿署中，此晚九弟來談

十三日晴

夜吞九萬來話

十四日晴

過晦若遇子秋合肥之室遊光睞

十五日晴

與東人略話送之南旋

十六日晴

得再同要圖書

十七日晴

周子昂觀察家駒見訪提督盛傳之子頗有經世才合肥師嘗

稱之故令來謁晚伯行仲彭相繼回

十八日晴頗涼昨服袷衣今日可衣喀喇兩日中氣候不同如此

得宗湘文書十九出都晦若以今日為散館之日追念玉堂不勝天上人間之感遐余往談所謂記刻舟痕者書生結習可慨也

寄壽陽師書入都之今日以益後矣

十九日晴

二十日晴

廿一日晴

廿二日晴

湘文來談還米存回都寄再同安副書

廿三日晴

答湘文不值

廿四日晴

宗子戴來

廿五日晴

湘文來辭行為跋其所藏牛鼎乃乾隆初年覺羅拓贈汪師

韓者

廿六日晴

得安圃書九弟自陸來

廿七日晴尤熱

廿八日晴

南府試造電鐙成之作肇始於一律問以工由目驗而積悟閩產學

生學藉積年從海西肄往能以洋文洋語為奸利愧此律之遠

求閩士何如造取於林津雖一技猶勝閩也

章頌民自蕪湖來晤話宣郡舊事涕泗漣而感慨不已

廿九日晴

九弟及頌民先後至

三十日晴

九弟送時魚兩尾得高陽書再同書

五月初一日晴

復毋園書

初二日晴

初三日雨意油然芮風頗鮮麥事可念

九弟來談復高陽書

初四日晴

過梅若湯伯碩自都回

初五日晴

自甲申以後余從未能從容過午節也午後與菊耦清談良久蒲艾酒糉應有合節意

初六日晴

劉永詩自都來以潘大司寇薦書至將來入幕即答之並過獻夫其母自籍至板輿迎養人子之樂也余奉朝官十餘年乙亥迎親僅供菽水每見人迎親不禁羨從且悲也午後獻夫來九弟晚至

初七日晴

章頌民來將入都

初八日晴冷甚

承詩入幕復安圃及八弟再同書

初九日晴申刻有微雨一陣旋止今日雲細點顯可望雨為風所散

榮稷書目男來贈戴醕士陽兩生畫兩軸絹敗舊作也過承詩略

坐旋錄湘督岑疏英平於任

初十日晴

榮稷書復来柳質卿同年櫻鶴巢書見訪夜得局電允言

以主事用是科直隸應常七人五冒籍兩皆津郡人劉彭年劉

若曾也

十一日晴晚微雨

通永侍晦若略談仲絜自都下来夜与菊耦談甚久集山谷詩云

能貧安四壁無惱可可已今余之能無惱菊耦之能安貧猶可自

信願以解趙並於埃壒之外四顧天地竟無可以容居之處此可

感也不知蒼蒼者天果將如何位置之耶

十二日晴甚涼爽

午後讀管子一卷晚閱校黃詩一卷輝癡生涯消磨歲月而已

十三日雨

聞省城雨甚大津門則微雷快雨稍慰農情

廿四日晴

張豫立渠字少以其尊人渠生通判西齋讀書圖求題據云其尊人隨

先子在禾治振與吉虞先兄賞鑒為莫逆介楊望洲必欲一見乃

俞蔭甫答

玉壺清話王元之以疏雪徐鉉貶商州召錄為學士復以私謗賓友者

章后母儀天下當成服坐訕謗貶滁州召還知制誥又以撰太祖徽号

玉冊語涉譏訕貶黃州太宗自至御榻識之曰卿剛不容物人多沮卿

使朕難芘憶元之之獲罪豈盡出於時宰意耶元之既以詩正獲

譴則亦隨遇而安可矣乃既作三黜賦又有宣室鬼神茂陵封禪

袁語爵爵以戰其生何不達也視東坡之阨阨窮不閑後來居上矣

十五日晴

賈張滕若假回保定

吳公不入循吏傳張釋之稱周勃張相如長者後又爲大將軍擊匈奴

遂出塞即還亦無傳退園淵靜語機之噫此張李廣所以身後亦不

如松酒之慨也然後世傳記不詳又覺馬班之謹嚴爲有旨矣

十六日晴快雨歷兩時許枯苗皆蘇庭薇油然郊野可想

十七日晴

龍松琴自塞上來回粵省親

十八日晴
陳仲勉自都來留飯久談作致伯潛書並以陶詩贈之幷答仲勉並及松琴

十九日晴
伯永詩談館政松琴來劉臬司樹堂來見乃仁和廷尉壬戌薦卷門人介晦君欲一面晤見無要語浮慕而已由清河道擢蘇臬孫明也

二十日晴
得子澗復書

二十一日晴夜雷雨

嫁女須勝吾家者娶婦須不若吾家者安定胡翼之說世皆以為名言余與蔣韜明清波雜志及之目謂蔣韜最善持論試罷此理以為當吾蔣韜曰此矯世之言也非聖賢之言也夫其所見似與世之求援繫者稍異然充類盡致則貴家之女將無可嫁之士而貧士無可以乞丐之女為妻矣豈理也哉夫嫁女須勝吾家娶婦須不若吾家第以防其驕而已其婦女平日若教以三從四德何至入門而驕其舅姑傲其夫婿哉不清其源治其本而於姻婭之家斤斤計較其貧富貴賤所見似高而實陋耳余曰是吾平

之論不知何以那與吾閩俗此試暢言之聖如孔子嫁女南容嫁女公
冶一勝於孔氏一不若孔氏有何嫁娶之分耶聯又嫁女於韓侯
一為內臣一為外臣門戶相敵形諸歌詠有何若不若之別耶
且元嫁女須勝吾家言之則無論何家淑媛皆可適王侯將相
之家斷無適寒士之理其時李文定以元女與孫明復安定
泰山並開講席不知何以為此言也陋而且謬不曉事之腐儒
從而尊之從有眛娟鳳門者即相指目而世之名公鉅卿無非
肉眼愛女太時紛紛於榜下選婿風氣縱然良可鄙笑陽托於安
定之說曰嫁女須勝吾家也而其弊乃至於此前稱曰勝之一字

但孕無窮或其德勝或其才勝俱可兩堅婦以承宗祧正宜講求門第族望詎可草草今安定專就務分論之殆非古人婚嫁之法耳

二十二日晴夜微雨

左太沖詠史詩外頗無十稱內頗無斗儲親戚還相蔑朋友日夜疏寫盡窮士之苦李斯蘇秦不保其身而不知其憔悴之日迫于境地有不暇顧甚矣而但求富厚利達以取快一時者余自問備嘗艱苦歷不敢因貧改志而遇孤寒之士每思有以周之顧力不及也讀此詩為之慨然

陶拔貢崔有欽字辰卿來見桂琴亦至得王之履生書寄中都四子

二十三日夏至夜大雨

雨足矣為三農賀有楫舟入都寄安圃書並復子涵一緘

孔文舉薦謝該書曰博通羣藝閑覽古今物來有應事至不惑情同異行敦悅道術求之遠近四年有疇以薦禰衡表云淑質貞亮英才卓躒蓋其意欲使正士直進逆遏援之奸計所以成德必欲褒之自古大臣及姦臣均無不愛才者一顧才為國用一顧才為我用若一味忌才惟知汲引私人不獨不能為大臣亦並不能為奸臣而其庸陋禍深誤國則与奸臣同

二十四日夜雨

鐵驛廿一至京雨連日有雨不可謂無神

再閱以顧阿瑛為子堅所作雪篷圖索題款署顧阿瑛為子堅作於不二室中無年月有金粟及高啓饒介謝應芳吳志道釋九皋字妙聲鄭節七題顧高二詩均不見集中顧七古高七律　再閱又從歷代題畫詩中檢得有明蕭規雪篷圖歌為吳郡蔡子堅作一詩錄在圖後詩中云〻子堅家密者曰馬季常云〻蘇州志無子堅而顧詩云昆山之南濟陽〻翁則似其邑人叢詩云〻吳天榜何〻年〻遷東澥帶得山陰一篷雪有以證子堅〻為吳人矣圖乃極本今姑歎玉山璞索致而歸之

二十五日晴

今日田太淑人生日也太淑人之賢慈非一二語所能罄於諸子晚年最愛
余乃自丁卯棄養不及見不肖一第也二十二年於茲而佩綸護譴無
所容且隳家聲因懸慈訓爲之惘然者竟日子若孫無賢者而余
爲時所棄與子同抗而年日老矣恐無以副太淑人之明誨也

二十六日晴

顧康民來談自蘇州葬親歸也以王廉生黄再同及安圃書交之

二十七日晨起雨旋晴

讀金粟鐵崖諸家詩感其所遇之不幸世或以其家諸何瑛以累諸康
夫此大節無虧以德比入可耳

二十八日晴

二十九日晴

宗錫寄文四篇屬桐賡陔之寄還

六月初一日晴

頌民自都回來見

初二日晴

九弟來以君子錄科文書寄都

初三日晴

菊耦生日九弟來飲酒頗酣得樂山書寄省三書

王文韶督滇邵友濂撫湘皆浙人也

初四日晴

晚水詩來談

初五日晴

洪翰香午前來章碩民午後來過瞻若一談

放翁入蜀記載坡公以姑孰十詠非太白詩余謂十詠及歸來乎笑矣乎僧伽歌懷素草書歌太白舊集本無之宋次道再編時貪多務得之過也此說王琦注載之

初六日卯雷夜雨

昨日賞得范忠貞公小像一幅有董文敏陳眉公兩題晚薛叔耘來時亮英

使閩全刻全謝山七校水經注跋文成

初七日晴

午後頌氏來辭行與談往事感觸良多有以神龍蘭亭贈合肥者後有翁跋與菊耦相玩許久

初八日陰雨

雨中與菊耦閒談因思塞上息壤枯坐時不禁憮然

初九日晴

過仲彭

初十日晴

薛三來辭行

十一日晴

仲彭小病，與合肥夜話良久

十二日酉刻快雨

田淑人忌日，偕婦子設祀，作九弟書

十三日雨後新涼，可御袷衣

陳觀虞同知文璣來自浙中，伯平弟也

湛淵靜語：眉州蘇先生杲，老泉之祖，輕財好施，急人之急，救之若不及，

歲凶賣田振濟其鄉里，逮秋熟人將償之，終憐其寠，辭不受，久致

破業厄於飢寒並未嘗以為悔而好施益甚後三蘇以文章名天下業

蘇詩注莫詳於王文誥之總案乃失此事錄之以見眉山之積累

十四日晴仍凉

黃公度來時隨薛叔耘出使附寄子峨書聞明日有摺差作安圓

書三紙

十五日午後急雨一陣

李貫臣來

十六日晴

寄八弟書復陳伯平書讀三國志孔明好為梁父吟西溪叢話引張平

于艸堂石影

手四慈詩欲往從之梁丈欵以爲憂讒之作旨哉言乎

十七日晴

時報中有豔谷氏者擬余爲陸立夫何根雲評之曰誤國殃民傷天害理夫誤國何敢辭下六字則非其罪也此蓋不逞之徒遽言職志其意以要入多閱時報借此傾之耳可笑可鄙余豈畏要人哉

仲彭猶未愈洋醫西藥不甚投以其不效急也天津中醫更無足責普人此良醫於我相識然當謂中國工不求實際莫過於醫理一事也

十八日夜雨

十九日晴向晚微雨旋止連日入伏迪似清秋

二十日晴

得安圃書始嘗瓜内人著此浮瓜沈李視南皮朗月同乘並載為更樂也

迴憶去年成所及期寄居京邸慨然不已昔召平種五色瓜乃蕭相之客

顧余簇植何處青門並於合肥之誼則視吳質召平為更臨邛為蘭

香萬本為我所疇可也

二十一日晴

得八弟書委辦洪院楚屬元濮允中字樂關居此嘉興府屬也作書

復之勉以謹慎

二十二日晴

得朱亮生書以銀八百兩見寄作書還之並具人有始終視驊三之詭詐不啻霄壤也

二十三日雨

雅賓典陝西試過訪詩作周旋

二十四日晴晚微雨

仲彭病少愈夜爲裴令藥所誤後用洋醫藥一瓶之末中國無人焉可恨可恥

二十五日晴

李鐵林之子嘉蔭字少華來見同米賈料揣物件來津

二十六日晴午後急雨

夜似感寒得酒而寐

二十七日晴 沖彭愈

覃谿有寶蘇室因得蘇嵩陽帖又得施顧注宋槧殘本也其記云宋牧仲摹蘇像而侍其旁並未嘗名齋也蔣椒存亦得蘇像倩王麓臺圖之始有蘇齋之目夫覃谿寶蘇如此知所宗仰矣乃又自名蘇米齋何歟米之人品不如蘇此猶論史者之論也米之書品不如蘇此則論書者之論也然則覃谿固未知蘇者耳

二十八日晴

萬壽節也與臨甫永詩少談得吉甫帆祥仁趾書

二十九日夜雨

三十日晴頗涼

得八弟書初一赴濮院差

閱江陵集儘有痛快處

七月初一日晴陰雲時起急雨驟來至夜則繁星滿天矣

叔倫朝考第七以知縣用南隸應試其業師張樹亭孝廉鍾華與之偕行頗有議論其言稍覺誤人子弟切中時弊未可以老生常談忽之

初二日晴亢熱入夜尤甚

叔倫來辭行廿日南來鄉試時舊僕也寄安圃書

初三日晴

得子壽文書余自塞上歸先後與子壽三書未之復也後屢於合肥座中候余合肥語余以候余不顧乃責以情苦之至是始以書來壽文內有若輩襟抱亦只如是不足數矣

初四日晴

繼祖妣靳太淑人忌日設祀

陸士衡連珠烈火流金不能焚景沈寒凝海不能結風此全昧於物理者

熏与金不類海与風不類且沈寒正風所為而春之解凍亦風所爲詩風

之說不爲無理然以之目處則為致大所流者亦金而金之質究不能甚

為沈寒所凝者亦海而海之水究不能使流与凝甚近而不能甚不能結

者其性也故致大莫金而金之終愈從沈寒凝海而海之大愈大

若熏則火之源風則寒之源能制物而不為物制者也

初五日晴

胡雲楣以王雨陵所著管子地員篇校證見示雖偶有發明而所制太

少並中頗有一三可采校閱竟日

初六日晴午後微雨

先君忌日与婦子質明致祭 先公与 傅相患難之交中以昏姻之好

絜誠從事懇 雲具來樓當之頎而樂之也山居將成 傅相師允

為書楣致書屋額懸之新齋以揚 先人之識子之意

初七日晴

安圃初三引見補兵科給事中陳叔毅墨樵回閩過此小談得再同書

午後得九弟書

初八日晴熱甚

得省三復書

初九日晴氣熱如昨

初十日晴仍熱

洪翰香來辭行入都應試寄安圃書

十一日大雨居然秋矣是日立秋也

十二日晴

齋中素心蘭雨後忽發兩枝娟秀可愛余得句云散朗謝庭生道韞芳菲湘水聲靈均得陳伯潛書季士周過談服闋入都

是日筱文調粵督壺公調鄂督以鐵路也

十三日晴

得宗湘文書

十四日晴

松椿升漕督裕長調直藩得安圃書

十五日晴午後雲生似墨雨急如繩

十六日雨

復安圃書

十七日晴夜急雨一陣

翁同龢乞假兩月南肆徐桐署戶部尚書

十八日晴晨雨晚之雨

晚過李桐菴少談復子蘭書昨有書來言張吉人病需補凡

十九日晴

翁叔平前輩來晚合肥邀于晦若劉永詩潘伯述宴之

二十日晴

至春元棧河干答翁尚書疎聞袁子久〻喪長〻病已三年矣

二十一日晴

往弔子久晤黃艮永刻王壬秋解行將赴蘇州桐廬應試解館

二十二日晴

趙惺庵張巽之同來

二十三日晴

李莨臣来談寄安圃書以徵物寄視　董太淑人　永詩来談觀田蘇詩

母

二十四日晴

答其之

二十五日晨雨斷流

永詩来談　合肥代延宋通判　厚山　權館政　字子泉六安州庠生

二十六日晴

宋子泉到館得安圃書

二十七日晴

二十八日晴

葉鞠常來 昌熾本科庶吉士 得再同書並寄明本荀子 十行無注非善本 午後同晦若

往送壬秋

二十九日晴

曹藎臣來談言同州敗降回事甚有奇計 史恩培赴山東來見

午後九弟來

八月初一日晴

盛道宣懷自煙台來 復宗湘文書

初二日晴

省三寄銀二千助子久之喪文贊臣同年轉送

初三日晴

呂庭芷前輩來時暫署天津道袁世廉自朝鮮來未見

初四日晴

得安圃書

初五日急雨一陣仍未涼爽

午後袁世廉來乃駐朝鮮使臣袁世凱之兄也

初六日晴陰相間

九弟來談晚飯後始去

初七日晴

至紫竹林一游，晚誼卿來送其婦柩回蘇

初八日晴

誼卿來，午後答誼卿，得柳門書並寄粵中書帕，內鄉林甚精緻，令

華坡公生日可以開之

初九日晴

誼卿午後來談，至奠公肥相國，趙惺庵、張遜之便酌

初十日晴涼

李黃臣來談，寄陳伯潛書

十一日晴

得伯潛書

十二日急雨一二陣

何孟廉陳雨人兩進士來一四川知縣一工部主事都察院筆政文達從湖北蒲圻縣來見李漢春來兩目稍愈復黃子壽文書

十三日晴

蘇福自都回得再同安圃書

十四日晴

顧廷一來見午後曹价人樹藩過津來謁乃謹堂之從子也今

筆政居吉士

十五日晴

漢春來談晚過晦若永詩雜話

十六日晴

唐沅甫陛見出都張韻青劉蘅林同來見

宋本管子有楊忱序不得其人本末偶閱夷堅丙志第五卷

記楊抽馬事時蜀州司理為楊忱殆即其人成都人未暇其叔計似成都人

其屬從兄弟從祖氏望松說秦雍同類試中選與士族也

十七日晴晚忽陰雲迅雷急雨既而澄霽微收月光仍出天影

真無所不有也

朱雲甫吉士錦來見薩鎮冰威遠管駕署游擊萬伯潛齋武英殿

叢書兩篋至復袁偉叟書

初四日晴

過晦若永詩小坐午後九弟來

初五日晴

送子久喪踩滁州午後寄亞圖書並該新吾一緘

初六日晴

永詩來談劉獻夫亦至

初七日晴

得載之書

初八日晴

何虹如世兄亮采以布經歷指廣東道此來謁鐵生前輩尚有五子長亮標選雲南通海縣一在廣東分府一在陳以舟文案一在揚州無讀書能嗣趾者矣殊可傷也王楓臣自宜府來

重陽日晴

與內人煮酒持螯甚樂忽思及塞上悵然袁保頤自臺灣來寄

九弟書

初十日陰天頗燥有風雨意

十一日陰

李少丹自都來何文龍選雲南通海縣過此較其弟諳練世

故美才也復八弟寄五書陳伯平書

十二日晴

得宗三書

十三日晴

十四日晴

獻夫來談

二十三日晴

黃翰青太守佐節幕十餘年忽以霍亂譫劇二日而卒

名文眡浙人也

二十四日晴

得安圃書

二十五日夜雨

往拜瞿棣蓀課兒子謨朱存乞假入都李春木棗二斤去

寄澗師書

二十六日大風

寄省三書

二十七日晴頗寒御棉衣

沈子梅能命辭次申華培兩觀察先後來与二叔父及華庠光均有世誼其父均官江蘇也辭乃新吾之内弟申刻延翟眉養頭涇瞻全課兩兒讀招李蕡臣陪之飲欲省心而心愈擾欲省事而事愈多學之不能黃老故也

二十八日晴

唐沅圃來辭行出示景翰青順道菴辭唐而返得誼卿書以親老不出深可羨佩吳明隱家樂誼卿有田可耕有書可讀出處自由非

清卿之躁熱者可以印鄙人亦不及也朱瀲伯來談

二十九日晴

過梅花劉獻夫及其子更新 甘肅隴西人丙午舉人 伯來

十月朔日晴

九弟來夜過瞿棣儕談

初二日晴

九弟來

初三日晴

黃花農葉子晉同來

初四日晴

唐提督仁廉來午後九弟來將赴都引見

初五日大風

九弟阻風不能行避之來談至莫始去風猶未止也

初六日晴

夜過翟明經談翟久於江西話伯潛視學江西時瑣事過不猶人瀾師亦嘗言之此才終棄殊可惜也

初七日晴

朱使回得安姪書

初八日晴

校管子地員篇 以王紹蘭地員校證對勘

初九日晴

夜来忽患霍亂質明始愈

初十日風陰

慈聖萬壽節 得王豐鎬書論夏師家事過晦若談靜坐

閱香山詩一卷

十一日雪甚寒

十二日雪止天仍陰晦

見劉永詩楊望洲言江蘇秋霖積卅六日未晴稻將穫而中毀轉
豐爲歉浙江水患尤甚聞湖北江西亦並東南財賦之區忽罹此
異不知關心民瘼者何以策之也

十三日陰夜霧

得伯潛書言船局所造鋼甲船到滬機器損壞折回又近海署
奏准局歸海軍衙門節制矣

十四日陰

得八弟兩書以小像寄之

十五日曉晴旋陰

十六日陰

夜讀山谷詩一卷

十七日晴

注管子地員篇五晝五日未了了今始竣也

十八日晴

洪翰香來夜偕宋九香至館中一談得安圃書

十九日晴

得子峨書并寄燕窩一匣櫞十枚迴思塞上同患不禁悵然

二十日晴

柯欣榮來于峨寄書郵直隸候補道也午刻陳觀虞司馬文璣

來自大同

二十一日晴

得九弟書

二十二日晴

二十三日晴

寄復何于峨書

二十四日陰

得八弟書附載之一緘

二十五日晴

二十六日晴

二十七日晴

二十八日晴

二十九日晴

十一月初一日晴

初二日陰

初三日晴午後大風作雪不成得吳清卿書

初四日晴

安圃自都來留宿齋中

初五日晴

初六日晴

楊順回都寄九弟書再因初二嫁女作書寄衣料鉞甫

賀之劉稚翁來

初七日晴

初八日晴

得趙菁衫書並王田蔣性甫孝廉式理玉園山房輯佚書

攷

初九日晴

寄九弟書午後答雅賓

初十日晴

劉獻夫來談

十一日有風

安圃回里顧廷一來午後得誼卿書華蓋來此

十二日晴

復誼卿書又寄八弟書

十三日晴

答華蓋

十四日陰夜見月

華蓋來留之茶果同是天涯淪落人此之謂也

十五日晴

以新表寄伯潛安姪自里還華蓋來話說西藏事可慨

十六日晴

與晦若略談

十七日晴

華蓋來夜與合肥師安姪夜話聞李漢春亥刻病殁

合肥許以全唐文見賜
十八日陰夜微雪
安圃回京
十九日大風天已放晴
二十日晴
晦若欲見華蓋約之來談甚暢先是升泰論藏事亦以為由蜀徑
營西藏不如由隴青海趨藏道極平坦非打箭鑪節節陰峻比
晦若以詢華蓋華蓋云不然藏多蜀商蜀官瀧貨不如仍
舊且言俄人窺藏必由葉爾羌趨阿里以抵後藏不由前藏

也呼廟堂諸公豈愛蔵戈

二十一日晴

得九弟書引見該事須此後可出都矣

二十二日晴

出谷鄧岱來劉雅賓及華蓋均被刺而已

二十三日晴

華蓋來談以余相待甚誠漸露色相欲請介肥藥籌運回衛藏

語長心重實則今日時勢豈復能行相与既歡而已

二十四日晴

楊瑞生來覓會昌集久不得於全唐文中衛公文讀之其辭悲

論史之作半為身世而發太著痕迹不蹈諱言文字之禍幸矣

二十五日晴

華蓋來辭行夜得電抄樂山授察哈爾都統鄂山難處如此

作疏計頗得葉志超簡直隸提督

二十六日晴　得高陽書

二十七日晴

九弟自都回得安姪書

二十八日晴

復安姪書夜又得安姪書寄復吳清卿何靖書

二十九日冬至晴

過九弟一談與山陵祭祀事有電候之夜得復音就余定行止殊可念
也

十二月初一日晴午後陰夜雪

吉雲帆來談

初二日雪霽

寄安姪書以百金賀康世兄樂秋借揮麈錄閱見前後錄閱之竟
日

初三日晴

答吉雲帆

初四日晴

復高陽書以食物數種寄之

初五日晴

得安姪書晚得肖三書於合肥師書画篋中檢得宋封靈澤

侯敕墨迹一通後有吳荷屋跋似可存者

初六日晴

李贊臣來終日在蘭駢館與蘭孫評書讀画以黃尊古為史冑

同補米南宮溧陽溪山圖為最丁南羽渡水羅漢次之書以石庵臨蘇

卷子為最

初七日晴

閱梅瞿山繪宣城山水卅六幅畫院臣羅聚有題識以類上添毫文人

之畫高士之畫散畫師之畫分別在此目前鬴撫玩竟日如作敬亭

之游

初八日晴

吉雲帆陳序東來得安姪書廣樂秋書安圖並寄廣內之方

初九日晴

潘子静劉徹夫先後來午後閱畫惲南田雙松仙館一幅精美

無倫 初十以次詳行記

廿四日酉刻睞署

遣人以氷鮮鮰魚送都中親知

廿五日晴

楊瑞生來寄九弟書

廿六日晴

于晦若來徵伯函來得九弟兩書又得八弟書寄五十金為九

弟卒歲需

廿七日晴

寄八弟書商定劉處姻事今年自三月至河以至海口水不結冰為

近廿年所未有殊可慮也永詩來談

廿八日晴大雪

兼春圃得盛園書寄高陽師一函樂山書來以攻武税未便

乞退此少學養竟非虛聲之士所能及真得吾文剛正之

傳可敬之至

廿九日雪霽

過晦若談

三十日晴

今年作寓公佚甚然猶四行役仍勞人也學則無所進益近於坐荒歲抄循省可愧

蘭駢館日記

光緒十六年正月初一日晴

祀祖迎神祥光滿室華蓋自都来得高陽師書廿二日蒙

慈聖賜福壽字及八百長春御畫眷念老臣閱之甚慰

初二日晴

洪翰香来久香来華蓋後至晦若同話

初三日晴

荃華蓋過晦若

初四日晴

夜梅若容民來話

初五日晴

華蓋來寄安圃書

初六日陰

華蓋來別縱論新疆事宜發於淚下老驥伏櫪志在千里此君之謂歟

初七日陰夜星見

閱夏正考一卷乃胡氏騂著刻於式訓堂叢書中

初八日昨夜小雪辰刻展霽

作復仝樂山書夜閱揮麈餘話卷

初九日晴　九弟來

初十日晴

開館李蕢仁來申刻勞迺宣過談近著等韻一得孤岸也嘗字

五初以涑水清賦竹時框亦雅須令

十一日晴

得樂山書求詩來話

十二日晴

復高陽師及樂山書

十三日晴試鐙

十四日晴

十五日晴

寄高陽及安圃書午後過晦若暢談借杜樊川集閱之馮鷺

庭注本

十六日晴

合肥宴客以家釀與菊耦小酌月影清圓花香撲鼻酒亦微醺

矣夜閱揮麈錄一卷

十七日陰有風

永詩來談閱葉夢得避暑錄如行荊棘中閱曲洧舊聞則如康
莊坦途矣言為心聲作此士大夫何甚而造作疑似之說以誣賢者
而媚權奸平之公論雖掩而身名隨所附而並隳使後人目為
邪佞亦一何憐之甚於夢得憐之而非惡之也

十八日晴

閱唐人小集無一所得作致安圃書

十九日晴

二十日陰有風甚寒

至書局一游買隨園三十種而隸此皆見時所閱久不見此書

实得安姪書

二十一日晴

袁清泉世廉來見

廿二日晴

廿三日晴

潘子靜來

廿四日晴午後陰

香濤前輩督粵所信任者多才士浙江王存善四川王秉恩大司文案粵人謂之二王全是為游子岱所劾並褫職矣清卿以母

病請急旋得豫電已開許星叔矣

廿五日晴

陳伯平調大名府以大名國守鈞迴避藩司也伯平嘗論王樹文獄豫山因之左遷阮而當豫開府山右伯平必危甚移宮換羽若有天焉君子益可以俟命矣

廿六日晴

皇上二旬慶典加恩宗親內廷勳舊有差

廿七日雨夜微霰

得樊雲門書在鄂督幕中

廿八日晴

閱邸抄知筱帆調肇慶

廿九日晴

曾蓋臣總督來談

二月初一日晴

張樸居知州來談知蘭軒師尚未葬為之悄然午後答樸丈

及蓋臣得八弟書

二月初二日晴

棋庵辭館

初三日晴

得安圃書並延王鄉臣來名棣乙酉孝廉王介亭所薦

初四日晴

王鄉臣開館

初五日晴

菊耦小有不適煮藥煮茶賭棊讀画聊以遣興

初六日陰

初七日陰

初八日晴

劉景氏入都過此河督尗簡人稍者之畢吏久任之舊同陶垂涎

篤世道如此可慨也亦見御之

初九日晨急雪旋霽

河督授許振禕

初十日晴

十一日晴

晨起答瞿棋唐睐作致章頌民一書得安姪書

十二日晴

寄王廉生一書以圖章三方文石胥山人倫刻之並復安姪一緘附六文相

并午後八弟書來言其小女多々病殊可念也再回書來又生一子

十三日晴

午後李贊臣來翟棋巖固侄就頌氏館辭行

十四日晴

夜閱陶詩乃莫子偲所翻宋本陶詩極寡因子泰而集爲陽子列所編何與吾黨人有緣耶

十五日晴

復再同書

十六日晴

午後過陳容民居時容民患咯血

十七日晴

苑農來寄八弟安圃書為何吉果評文數篇均不佳

十八日晴

王省山茂才欲刻壽人師時文乞余為序不忍拒之昨晚艸出文筆甚枯大似江郎才盡矣序寄五日旋上滬書師之次子元耀致矣

十九日晴

二十日晴

盛道自東海來九弟由蘆至

二十一日晴晨有微霰夜有狂風 得高陽書

二十二日晴

寄潤民師書並陳春麓詩識小錄一部

二十三日陰

買甌北全集一部未暇閱也巳刻顧廷一來

二十四日晴

永詩來談

二十五日晴

合肥因辦陵差入都 午後過永詩略話寄高陽書

二十六日晴

陳仲勉携其子懋鼎来字徵宇乙丑本省解元 得伯潛書並送橘羹餅

二十七日晴有風

至春元棧答仲勉 午後永詩来談滬上買癸巳類稿閱之

二十八日晴

李襄廷孝廉自蕪湖来合肥之姪 洪翰香因母病乞假歸省

二十九日陰薄莫微雨

永詩来辭行入都 得江甯電耒子清於廿六日去世爲之悵悵然 又得侍安

圖書汝初四日登程林大令（陸平本名宗明）曾充學堂監督大挑來北河伯潛書來屬余見姑進之晚得梅若通州書知合肥於三十日入城

三十日晴

料撿書籍有温故知新之意而終日玩愒歲月堂之可惜也

于艸堂石影

蘭駢館日記

光緒十六年閏二月朔日晴

湯伯述來以其祖文端公手錄五經索題

初二日夜雨

子涵由都來赴金陵獻夫過話復小弟書並為修海馬少蔡秀才題百石圖二絕明日有電封入都復晦若一函

初三日晴

答子涵結一廬藏書目在子清處恐遂散佚商令子涵攜錄恐不能辦也為之悵然踈繞道省容氏疾

初四日晴

午後沈丹曾來言伯潛在鄉設目利局織布局以惠貧民是亦爲政也胡守三直牧傳通談琴生舊交清卿故吏入都引見言嘗赴溪崖極言馮萃亭辦探匪之浮夸無實及徐賡陛之狼戾好殺

初五日晴

寄復伯潛書夏壽人師之孫昌祚宏祚均幼孤以兩局脩脯資之

初六日晴

得新吾書即復之

于艸堂石影

偶閱顏魯公集得元次山墓誌知新唐次山傳實取資於此惟敘
其世系顏誌云高祖善偉皇朝尚書都官郎中常山郡公曾祖仁基
褒信令襲常山公祖利貞霍王府參軍隨鎮改襄州父延祖清淨
恬儉歷魏城主簿延唐丞思聞輒自引去以魯縣商餘山多靈藥
遂家焉及從門人謚曰太先生唐書褒信作寧塞令而不敘其高祖但
云襲常山公而已祖亦未明曰利貞作亨字利貞霍王元軌府參軍事而未
云隨鎮改襄州延祖但云再調舂陵丞而不敘其徙家商餘後錄次山
自釋但云少居商餘山未及顏之文少事明也次山事則傳詳於誌殆
取諸其文集耳

初七日晴

得安圃書知改期十一出都

舊唐書魯公傳時太廟為賊所毁真卿奏曰春秋時新宮災魯成公三日哭今太廟既為盜毁請築壇于野皇帝東向哭然後遣使竟不能從軍國之事知無不言為宰相所忌出為同州刺史新書則云真卿建言太廟為賊毁請築壇東向哭未從宰相厭其言出為馮翊太守集載馮翊謝表批答謂其事乖執律情未滅私是魯公之出為相所忌必其以言事新書刪節它文竟似以建議築壇請哭遭貶矣

初八日晴

梁詩五孝廉虎寶來何子峨寄子峨疏竟未相見也詢鐵香近況
知方集著惠州本鐵香所鄙夷曾入彈章自辭講席世路偪
仄如此三知好每勸余以書院為退步殊未知近日官途之餒士氣
之衰如擁蓮池暮氣蒲集之其味即亦可耐矣
張燕公集王方翼碑當獨行夜入有惟人長文直來趣遁射而仆
烏乃朽木也此擬史記李廣獸不事而敘法不恢及
初九日陰
莊雲巢大使自浙來贊先閣墨文案与呂庭芷相習章煥之茂才
辭行回蘭谿湯伯述來談得八弟書

梁氏玉繩史記志疑一書讀史者極稱之，然亦有疑所不必疑者，如衛世家莊公五年取齊女為夫人好而無子，梁氏曰取齊女何以在五年未確。按碩人詩明曰衛侯之妻，其為即位後所娶可知。春秋譏喪娶，三年諒闇至四年始闋，及五年始娶碩人。詩說于農郊，娶以春時，若在四年之春，昏禮豈能盡備？如史公可謂善說詩者也。又桓公二年弟州吁驕奢，桓公絀之，州吁出奔。十三年鄭伯弟段攻其兄不勝亡，而州吁求與之友。十六年州吁收聚衛亡人以襲殺桓公，州吁自立為衛君。為鄭伯段欲伐鄭，請宋陳蔡與俱，三國皆許。梁氏曰傳無出奔反襲之事，州吁友段亦不知何據，伐鄭修怨為叔段乎哉？按此說太泥，史公所據不盡左氏，況史公所見左氏皆古文尚存于駮駮先安能據今所見之左氏以疑史哉卽以左氏傳證之太叔出奔共共賈注共國名杜注今汲郡共縣其地近衛又云鄭共叔之亂公孫滑出奔衛衛人為之伐鄭取廩延鄭人以王師虢師伐衛南鄙州吁修怨卽修此怨其為叔段無疑而共叔之子在衛近國州吁由之氣類相因求友亦意中事此正可以史為左之旁證此何疑焉

初十日晴

何上舍壽嵩由林西來辭還大埔

漢上谷郡之軍都縣讀為渾史記絳侯世家屠渾都正作渾說文渾混流聲也一曰洿下貌溫餘水東至路南入沽此地為洿下之水都耳

十一日陰有風

復八弟書九弟由蘆台來津

全謝山鮚埼亭集外編賈子新書跋云太史公言漢文帝雅器太傅將任以公卿之位大臣多不之喜遂以年少初學毀之予竊以爲絳灌當時賢臣不應至此攷應仲遠風俗通是時大中大夫鄧通有寵於帝太傅与之同列獨不爲禮恨而擠之因漸見疏此條太傅立朝大節太史公反失其孫乃不爲之表章可謂疏漏史稱鄧通不過自謹其身絕無他能觀仲遠所言亦多異矣隨園隨筆載汪韓門之說則深不以應劭爲然略謂鄧通黃頭郎至上大夫漢書雖不載其年月而嘗薦人

家則在景帝時其顯貴應在文帝末年賈生以文帝十二年卒鄧貴顯時賈生之死久矣梁氏玉繩謂傳與閱謂史云絳灌東陽侯馮敬之屬盡害之下一屬字通在其中或辨鄧通不與賈生同時者非是祖全而排汪也然汪說亦未盡明案史記申屠嘉傳嘉為丞相是時太中大夫鄧通方隆愛幸賞賜累巨萬丞相入朝通居上傍有怠慢之禮嘉為檄召通詣丞相府頓首出血嘉為相五歲文帝崩據漢書百官表則後二年八月嘉為相也史稱通方隆愛幸度其由黃頭至大中大夫不久距賈生之卒已六年距賈生之為長沙傅則十六年矣安得謂賈生與鄧同時應氏祋以兩人皆為太中大夫附會其說謝山乃據以責史公之疏漏夫史公文

于世掌史其於文章之世身目相接殆以後數百年之歷微單詞翻業

耶謝山以史學鳴此論吾不敢也

十二日晴

潘子靜胡芸楣劉巖夫相次來芸楣贈范文忠集一部譚莫九

弟來少坐即去

十三日陰

購惲子居集閱之

十四日晴午後陰微雨

安圃挈眷赴任過此小酌夜與九弟安圃同飯話別兩兒及盛愷兩

從孫侍飲，袁爽秋寄其詩集，閱之，頗雅

十五日晴

陳叔毅來，伯潛寄小像及書。許豫生校官貞幹，是亦伯潛客也。

安圃行時再同作詩送之，並及鄙人，其詩頗佳，錄之以待和。湘

南嶽立贈青蒼（本為天公管喉舌，猶堪嶽立鎮湘南）張（于湖臨桂七星山棲霞洞題名也）桂勝令湛儻羽

王駱越鼓殘埋戰壘，龍編專古訪蠻鄉，宦閒未與詞臣異，政

簡翻知諫職忙，哉穀稔康嬉日甚，精思氣味竹林長。張鳴鳳

字羽王，豐城人，明嘉靖舉人，官桂林通判，所著桂勝十六卷、桂故八

卷，以明人姓字書名入律，輩務家甚閑之，余未暇守七子並𢤱其

非正法眼藏也是日九弟婦二姪婦均来

十六日晴

昨夜已就枕忽先登寺不戒於火延入許姓高樓逼近署東牆樓

擾覓多安圖亦移舟避之晨赵安姪来同飯九弟辭行遂同

舟至紫竹林話別片時送者雜至亥刻始返

十七日晴

弟姪挈眷乘新裕南行晚潮出口

偶記魯論子夏之門人問交於子張一章不禁慨然史記儒林傳孔子卒

後子路居衛子張居陳澹臺子羽居楚子夏居西河子貢終於齊其時

羣賢四散雖儒術争鳴已有各尊所聞各行所知分門別戶之勢荀
子非十二子篇弟佗其冠神禫其辭禹行而舜趨是子張氏之賤儒
也正其衣冠齊其顔色嗛然而終日不言是子夏氏之賤儒也韓子顯學
篇八儒有子張之儒子思之儒顔氏之儒孟氏之儒漆雕氏之儒仲良
氏之儒孫氏之儒樂正氏之儒在當時子張氏之學與子夏並顯然
由戰國至漢武時詩則若高行子若曾申皆子夏之傳公羊疏引戴
宏序曰子夏傳與公羊高穀梁疏亦稱赤受經於子夏論語則康成云仲
弓子夏等所撰定爾雅亦或言子夏所足而子張之學寂無所聞由子
張言之豈若子夏狹隘不如其能樂育人才廣延氣類而卑之歟雖

人雅言之緒在此不在彼惟其決擇可否於先斯能成就英奇於後
廣交者可以返矣由此觀之天下經行貴於文脩今之精通訓故而不
矜細行者必非學人也

十八日晴

黄花農來宗子戴自常熟會試入都得湘文書
史公孟荀列傳家有見儒林傳中其意曰咸宣之際孟子荀卿之列咸
遵夫子之業而潤色之其自序傳曰獵儒墨之遺文明禮義之統絕
惠王利端列往世興衰作孟子荀卿列傳極爲鄭重而梁氏玉繩史記
志疑謂以孟荀並列爲非眼孔太小夫荀卿傳經之功近已得汪容

甫表彰之司馬氏所謂儒墨之遺文也孟子之功不在禹下之司馬氏所謂明禮義之統紀也宋儒自孟子一派衍出漢儒自荀子一派衍出何可偏廢哉

十九日晴

得子涵書即寄都屬

漢孝文本好刑名之言史記著之儒林傳最有微妙而梁曜北以為不可解非也觀文紀如除收孥諸相坐律令則詔曰朕聞法正則民愨罪當則民從遣列侯之國則曰朕聞古者諸侯建國各守其地日食詔則曰朕聞天生蒸民為之置君以養治之除肉刑詔則曰蓋聞有虞之時畫

衣冠異章服以為僇而民不犯至治也蓋皆名家緒論且其天資亦近於
刻如淮南天布之謀絳侯讀背之獄一愛弟一功臣皆法絕恩如此不稍薄昭
新近乎兩事也所特賞者為賈生為最錯正史公所謂明申商者惟
其學術同故晁錯易於契合耳或謂賈生非申商此亦淺見觀其
所上書皆正名明法之說而尤傷殘忍者則莫如論淮南一書以曰公比
淮南四子天文帝封厲王四子乃補過之善機亦親親之公誼而賈生乃
為此言雖若杜漸防微實則開親逢惡虧其篤親子之外親兄弟
之子均不當優以大國授以要地矣無怪乎唐太宗之盡誅建成元吉諸子
宋太宗之迫死德昭耳班書乃以淮南子兩國亦及誅神賈生之先見則

大不然夫文帝之世賈生已為此言景帝刻覈非勃之貞信著明反無
全理安与賜之獄一成於伍被一成於子爽其時孝武雄猜法吏嚴酷
何足為據其禍實萌於生之一言登死非不幸也

二十日晴有風

得晦若書李子丹自都來談一刻許寄京信

讀潛研堂集有與戴東原書謂宣城能用西學江氏則為西人
所用語極透闢經韻樓所刻戴集無復書蓋不能復也段若
膺所作詩經韻譜及尚書今古文疏證辛楣先生亦有書規之
段不能平也於作東原年譜中譏辛楣云東原言辛楣五禮通

攷中說話多有俗是處余以為辛楣先生人品學術亦豈戴段所能輕重耶潛研書有靜穆氣若膺則無處不有叫囂氣可以覘其養矣潛研文集乃若膺序極為推服非段與錢不平直是戴偏強耳

二十一日晴

吳觀察廷斌來談長於治河據云曾事李勇毅見胡文忠午後答雲楣獻夫獻夫留晚飯見其次子更壽字錫眉余代行集賢山長內課生均高列

晉書別本一百三十卷明蔣之翹撰嘉禾獻徵錄稱其有晉書註一百三十卷即此書也四庫列入存目與茅國縉晉史刪郭倫晉記

同識使蔣氏當日輯而為注轉無紕繆可議矣

二十二日晴

得高陽白潤書

侯朝宗作王猛論以猛垂殁告苻堅謂晉正統相承上下輯睦非所可圖願無以晉為念因推猛以秦存晉為識大義余觀朝宗此論真書生之論也猛之言注意於鮮卑羌虜終為人患請漸除之以便社稷衡量情勢苻秦本不當空國圖南致一敗之後慕容姚氏趁而相乘猛之所言實為秦謀豈為晉謀哉況景略歿後其子曜與其孫鎮惡隸晉安知不粉飾其詞諛與午以彰其祖父之先見斯言

虛實未可知傅氏乃據以定論亦迂矣彼生明季親見三王之一綫若延作此論以諷貳臣之在本朝者耳並國不能自存而望敵國謀徒推為正朔冀存血食亦可恥而可悲矣吁

二十三日晴

得子涵書知已赴杭州

集賢書院以渝關賦命題諸生任據方輿紀要以渝關始見於隋不知漢志臨渝縣渝水首受白狼水東入塞外交黎縣渝水首受塞外南入海臨渝縣又有侯水北入渝水徑大遼水注白狼水又東北出東流分為二水右水疑即渝水也渝水南流而東屈與一水會世名之曰檻倫水疑即地理

志所謂僕水北入渝也十三州志僕水南入渝地理志言益自北而南也
本攷渝水見於地志水經而但以隋始立關為說可云數典忘祖泝流
窮源矣今志但以右水為渝水亦非北方河道久失攷方輿他安亦不可之道
黃子壽先生所修省志於水道一門
尚未能脈絡分明也不知何人秉筆
他日當詢之再問

二十四日晴
同人及蒼兒均病意緒紛然

二十五日晴
合肥回津

二十六日晴

歸于均愈陳光文病半瘳矣會試入都于晦若因津顧廷一黃花農

均來得八弟閏月十二日書

趙水經補泒水一篇云一清按水經本有泒水篇今失亡矣寰宇記定州

安喜縣泒水下引水經注云泒水歷天井澤南流所播為澤俗名

為天井淀初學記引水經注云定州泒水北流逕大核山大核山疑是

大泒山之譌大泒山在今阜平縣西北五里其東又有小泒山以泒

河所經得名說文泒水出鴈門葰人戍夫山東北入海按山海經郭

璞注今虖沱水出鴈門鹵城縣南武夫山戍夫武夫皆泰戲之

一名顧祖禹曰蓋以滹沱為即泒水也此說非是蓋泒水與虖沱因

出西耳㳅水源見說文尾見本注其中所歷之道僅定州一語較之他篇夫脫尤甚段氏有水經無㳅水一篇駮趙氏大致謂說文㳅水即虖它之源水經無㳅水所謂派河又曰派河尾乃言清淇漳洹滱易淶濡沽虖沱同歸於海淇水沽河兩篇經注僉並趙氏所引初學記寰宇記未可信余按若膺墨守戴氏致有此誤魏書道武紀皇始二年帝進軍新市賀驎退阻㳅水依漸洳澤以自固甲戌帝臨其營戰於義臺塢大破之是魏時確有㳅水之名不得云㳅即虖它（道武紀上文屢言虖沱若㳅即虖沱何以至此改稱）寰宇記定州蒲陰縣㳅水在縣西二十五里（孫刻元和郡縣志譌為派）安喜縣下引輿地志盧奴

北臨滱水南面泒河杜預謂管仲城是也方輿紀要正定府屬阜平
縣有泒河在縣北志云源發恒山經大泒小泒二山入行唐界亦南流注于
阜沱定州下云泒河源出阜平西山舊由新樂縣流入州界今涸新
樂縣下泒水縣西南十里舊自行唐縣流入境又東入定州界是
直隸明有泒河說文泒水起鴈門葰人戍夫山東北入海按地理志葰人
屬太原不屬鴈門續志鴈門亦無葰人縣魏志武紀建安十二年遼西單
于蹋頓尤彊數入塞為害公將征之鑿渠自呼沲入泒水名平虜渠
又從泃河口鑿入潞河名泉州渠以通海通鑑慕容麟進長孫肥至泒
水胡注泒水在中山許書所云東北入海今水經沽河篇所云沽河与清河合

東入於海清河者泒河尾也善長注云清水又東南合清河今無水清淇

漳洹灑易淶濡沽滹沱同歸于海故經曰泒河尾也是善長時泒水之

經流已為滹沱所奪故以滹沱由此入海釋經泒河尾之意而泒與滹

沱漢分魏合之迹本自分明滹沱之源在泰戲山今山西繁峙縣漢志代

郡鹵城下虖池河東至參合入虖池別過郡九行千三百四十里并州川從

河東至文安入海過郡六行千三百七十里此與泒水之出葰人戍夫山似非一地

今一統志以葰人及鹵城俱在繁峙縣似不確　趙院發合為一則當以泒水附滹沱而不必別出泒

水篇矣若泒即滹沱不知魏志所云鑿滹沱入泒水者為何水也隋志

引作入汾大誤征烏丸運道不經河東也　戴云泒河尾段釋以為諸河之

尾鑿故

二十七日陰有風

陳容民辭行入都

畿輔安瀾志沙河古泒水源出山西太原繁峙縣白坡頭葉云與虖沱異源分流至祁州三岔口滙唐滋二河爲豬龍河水道被綱虖沱北經靜海西境與西北來之清水河合清水河即拒馬涞易滱唐之委滙也是今之派水尚與虖沱合流入海與水經略同段氏以安瀾志爲王履泰竊取戴稿何於戴稿竟未究心而強以泒水爲派河又武斷以爲派河即諸河也

元和郡縣志深州饒陽縣州理城晉魯口城也公孫泉叛司馬宣王征之
鑿虖沲入泒水以運糧因築此城蓋滹沱有魯沱之名因號魯口後
魏道武帝皇始三年車駕幸魯口即此城也滄州魯城縣下曰平魯
渠在郡內魏武北伐匈奴開之大海在縣東九十里太平寰宇記深州饒
陽下云饒陽縣即後魏虜渠口置虜口鎮於此餘与元和志同滄州清池縣
下云平虜渠在縣南二百步魏建安中於此穿平虜渠以通運漕北
伐匈奴又築城在渠之左大海在縣東一千四里又云隋開皇十八年於西
章武縣置魯城縣還取長蘆縣北平虜城為名仍改虜為魯
者蓋惡改虜之字也杜佑通典饒陽滹沱河舊在縣南即先

武所浚魏武因饒河故瀆決令北注新渠瀆所以在今縣北按魏志

公孫淵傳晉書宣紀無鑿渠事但云運船至遼口徑達城下此時循

魏武故運道耳其渠亦在饒陽近於滄州之海清池縣據以水經淇

水注沽河兩注則泒水入海之迹甚明水經以清河合流者為泒河之尾是

知水經為三國人作酈注以清河北入虖沱者謂即水經之泒河尾是知此魏

時虖沱合泒入海之迹尚與魏所穿渠之迹合故沽河注言虖沱而泒在

其中所言清淇兩派亦在其中蓋以泒為正幹他水以泒為尾閭耳

二十八日陰

陳兆就愈李贊臣葉子晉均來

畿輔安瀾志有一重公案見段氏經韻樓集此書王履泰乃捐職通判實竊戴東原稿始方恪敏聘東原修此書稿未竣而恪敏薨稿入代者周公元理手王乃周之婿也既而有何夢華者言此書乃趙東潛作乃孔氏誤收入戴氏書段氏以趙書倍戴定為趙創戴刪云（趙一百三十二卷戴一百二卷 王志五十六卷）至張石洲先生則以東原盜全校水經注及趙河渠書懸為世戒謂戴深殘趙書而於唐河卷中附趙盧奴水考一篇曰杭州趙一清於地理之學甚核嘗游定州爲州牧姚立德作盧奴水攷並附於右一似趙氏絕無與於此書者作偽顯然可為齗歎據此則東原之所取於先王

履泰以豪家奪於後王不足責東原何為此窮窘之行也令趙戴兩書均不可見而王志亦未見精核姑志之俾与兩郭莊子注何郄中興書鼎足而三也

二十九日陰有風

伯行自外洋還寄八弟書未封而得其十九日書及紈扇兩柄箋四枝得樂山本月十一日書並小像二

義山詩如馬嵬以佛雞馬牛同用前人已譏之矣可歎晉秦宮赤鳳逐妃陳王與梁家趙后並用之嫌重複隋宮日角天涯之對工的無乃硬湊而世皆以為佳耳食而已

三月初一日陰有風

過晦若、碧雲齋鄭子雲來

晉書宣紀魏武討孫權軍還權上表稱臣陳說天命魏武曰此兒欲踞吾著爐炭上耶答曰漢運垂終殿下十分天下而有其九以服事之權之稱臣天人之意也虞夏殷周不以謙讓者畏天知命也案裴松之魏志注引魏略作陳羣桓階語上文方言仲達以漢運方微不欲屈節曹氏茲乃為此勸進之語果出仲達益證狼顧之為反相矣然晉書采此它甚無識

初二日晴

伯行入都

偶閱范文忠集及朱祖文北行日譜知吳橋友誼之篤其於周太常則貸金為之完贓復集資為孤寡生計於黃伯安則為之作傳自言世道交喪得天維持交道可以不孤又云朋友一倫不至獨輕于世此所維係甚大其推崇朱之復如此自命可知矣居之大節婦孺皆知特記此一端以愧末俗

初三日晴

復高陽書將禊日与閻人趙香濤葉叙久

初四日陰

得趙惺庵書

晉書羊祜傳祜父衜上黨太守祜蔡邕外孫又云祜前母孔融女生
兄發北海有屑質中郎〻感而〻女竟因適一人亦是佳話范書孔傳
女年七歲〻為操所殺不知此何尚有一女文姬有才無節而叔子之母以
所生之子承與發俱病專心養發極有母道此倣知文姬而不知中郎尚
有女叔子之德能使南州墮淚而身沒之後帝命發子篇為嗣篇以
父沒不得為人後不奉詔令篇弟伊為後又不奉詔篇伊雖有歉于叔
子耶余疑叔子以與司馬氏元為姻助晉背魏臣節微乖篇伊不願後
之故亡諸淵之子實讓財意未可非也

初五日陰

李蘭來得允宣等書李黃臣過談

南齊書褚淵傳子賁服闋見世祖流涕不自勝上甚嘉之以為侍中領

步兵校尉長史左民尚書散騎常侍秘書監不拜六年上表稱疾讓

封與弟蓁世以為賁恨淵失節於宋室故不復仕南史謂賁常謝病

在外不以民望之適諷令辭爵讓與弟蓁所居墓下案賁以父背袁

粲等附高帝深執不同終身愧恨南史亦同則辭爵出於賁意不

關帝之諷退也不得為蓁子爭審

初六日晴

孫毓汶許應騤貴恒沈源深典會試伯行以楊崇伊分校迴避不與

試

巡撫見於晉書劉頌傳咸寧中詔頌與散騎郎白褒巡撫

荆揚巡撫之名殆始於此謝安傳幽冀宜復總督總督之名殆於此

初七日晴

天津新設集賢書院試各有寓津之士講席向由京官兼之頗形

廢弛因道華堅請余為院長昔申公綃罷還退教授自給王式罷

徒隸不教授義各有當距論錢香事才一月也既辭不獲姑就

之脩俸甚薄處處不爭之地而生徒略有裁正亦成就後學之

義也合肥幕府徐敬齋壽朋來見司道畢即答之徐紹興人寄籍清苑陳云敬幕友歷充鄭玉軒張樵野參贊於洋務

初八日晴

鄒岱東前輩來

初九日晴

答司道府得九弟書

初十日雨

花香撲人麥事可想為之一展慰也

十一日霽

以鰣魚寄高陽師又作書寄允言等

晉書孫盛傳時丞相王導執政亮以元舅居外南蠻校尉陶稱

讒構其間導亮頗懷疑貳盛密諫亮曰王公神情朗達常

有世外之懷豈肯為凡人事耶此必佞邪之徒欲間內外耳

亮納之余按觀此而知亮之殺稱為失刑矣侃傳附稱以南蠻

校尉假節與諸弟不協咸康五年見亮亮大會吏佐責稱前

後罪惡彌著亮使人於閤外收之棄市誣以他罪流動在王室

其子罪不在不赦之列何敢專斷蓋恐列上則導必救之其所

以必殺之者必稱自附於導故也亮本疑侃於前以忌導於後而稱以侃子為導黨取禍固宜更以讒搆其間令混殺過及似稱搆導於亮者轉若稱反覆傾險而亮之納毋圖為雜重殺陶稱為果斷矣豈其然乎亮傳稱侃嘗欲舉兵廢導而郗鑒不從乃止之是亮又欲率眾黜導又以諮鑒而鑒又不許導傳南蠻校尉陶稱間說亮當舉兵內向或勸導密為之防導曰吾與元規休戚是同若來吾便角巾還第復何懼哉又與稱書以為庾公國之元舅宜善事之於是讒間遂息此導以計責稱自全耳侃之為人決不肯稱兵廢導亮則實有忌導之心特為稱所激之於內又為鑒制之於外未可輕發遂殺稱以洩其忿耳亮書

蹇蹇稱之入吉豈得目為懸懸之談哉理而出之句使陶校尉蒙

不忠不孝之名千古無人昭雪也

十二日晴

過晦若略話覓一寫官為錄書升

晉書郭璞葛洪不入藝術傳隱逸傳直不可解景純為王敦所害

或以其大節特傳之稚川傳前日從祖吳時學道得仙歸日葛仙公宋

日世以為尸解得仙云此史臣無識真以為真仙乎可笑也

十三日晴

寄子涵書

七賢中阮籍最下，顏光祿屏山王不屏阮，乃以阮居嵇先，實不可解。蓋其詩出於憂憤，本非達論。虞預論阮籍裸袒，比之伊川被髮，猶屬末減。史傳稱其本有濟世志，屬魏晉之際，天下多故，名士少有全者，由是不與世事，酣飲為常。蓋爲鄭沖作勸晉王牋，母終與客圍棊，留與決賭，直一不忠不孝之人耳。顏以辭婚解為不黨，吐血許為至情，真謬說也。

十四日晴

李贊臣來。九弟來電，知已到粵。

晉書忠義傳頗雜，如王育為振武將軍，為劉元海所拘，以為太

傅初未死節乃畀為杜宣王傅宣不迎王攸攸怒之責執刀叱攸卽

自為義大節已虧然以節矜意氣者能之乃与殺身成仁者並

傳乎

十五日晴　都中十四換涼帽津門則十五

得祥仁趾書容有話春明瑣事者聞之憮然

曹志乃陳思孽子史稱其爽爾有大度余觀其傳志實無志齊王

攸將之國志恨其父不得志於魏因愴然歎曰安有如此之才如此之親

而遠出海隅晉其殆哉乃極論之帝覽議大怒策免太常鄭默

免志官以公還第夫志為魏之近屬而豫篡朝骨月之謀於晉

文忠於魏太妃是亦不可以已乎

十六日晴

十七日晴立夏

十八日晴

十九日晴

得八弟書作書復之頗覺語長心重

二十日陰夜雨

寄九言等書並致仲彭一牋

廿一日陰雨閉齋

二十二日晴

子涵自江甯歸省之午飯于清七子家事頗費斟酌也

二十三日晴

陳容民由都回子涵回都

二十四日晴

二十五日晴

二十六日晴

二十七日晴

二十八日晴

昨日彌臣固久香同伴去至各出關藝相示閱有以古注發揮者放集解本性者人之所受以生天道者元亨日新之道李學賛傳以性與天道為易春秋後漢桓譚傳注引鄭注謂性為人受血氣以生有賢愚吉凶天道七政變動之占潛研堂文集歷引諸說謂性與天道乃是性命天道星次乖錯為楊倞荀子哀公篇注所引竟有以荀子知不務多務審其所知言不務多務審其所謂分珍兩章者並以審其所謂指意性與天道究不可為訓也

二十九日晴

三十日晴

許竹篔昨來答之

徐堅識曲江之文如輕縑素練實濟時用而窘於邊幅挑要稱其感遇諸作神味超軼可與陳子昂方駕文筆宏博典實有垂紳正笏氣象堅以富贍求之不足以為定論余謂堅識其文非識其詩也然取曲江集玩之服官以後詩尤見身分如郡中見鶴云遠集長江靜高翔眾鳥稀何等超峻世乃傳其詠燕詩無心與物競鷹隼莫相猜句謂自解於李林甫何其以小人之腹測君子之心也

四月初一日陰雨爽甚

得安姪書今日登輪舟赴粵

初二日霽

得九弟書

初三日晴

初四日晴

至院會一游

初五日晴

初六日晴

王楊盧駱當時體不廢江河萬古流四傑之名得老杜此作大為生色余尤取駱丞之詩如從軍中行路難帝京篇疇昔篇代女道士王靈妃贈道士李榮諸作均沉鬱頓挫乃大古之佳者少陵實胎息於此其五言律如望月云晚色依關近邊聲雜吹哀何等悲涼過故人任處士書齋云網積窗文亂苔深履迹殘何等真摯夕次蒲類津云山路猶南屬河源自北流晚風連朔氣新月照邊秋何等渾成早發諸暨云薄煙橫絕巘輕凍澀回湍何等細膩其品格在王楊盧之上討武后一檄凜凜正色足使牝雞眠後援五王乘其耄荒翔之以兵反正尤為光明磊落也

初七日晴

寄八弟書

初八日晴

初九日晴

合肥入都時恭邸寄其草錦吟八冊見賜並偶題歌唐
集內圖兜集唐人句為五律十六首應之孔毅父武仲集古
人句贈東坡坡答之有曰千章萬句卒非我急走捉君應已遲
吐詩中之戲幻非臣格也荊公邀坡公集大研詩坡公卒不田項匝
斷山骨坡非不能而終不為所見高矣

初十日晴

都城是日填榜合肥王姪經畬中式豐潤無人館師下第

十一日晴

復九弟書得八弟書

十二日晴

寄朱子涵書

十三日晴

子涵寄伊墨卿畫錢竹汀隸書聯並三個鏡等件

十四日晴

靈樞經水云八尺之士皮肉在此外可度量循切而得之其死可解剖而視之其藏之堅脆府之大小穀之多少脈之長短血之清濁氣之多少十二經之多血少氣與其少血多氣與其皆多氣血與其皆少氣血皆有大數近日西醫治病頗有死後剖腹之事似此法漢尚有之俞理初先生引華佗傳飲麻沸散斷腸破腹證之此剖治生人與經剖治死人極不同又疑死人多氣少氣不可視不知經乃承度量循切非承剖視也

十五日晴

作澗師書初五日又生一女也

周禮秋官序官都則中士二人下士二人府一人史二人庶子四人徒八十人注都則主都家之八則也當言每都如朝大夫及都司馬云俞理初以則爲屋字言國與都之朝大夫其人不同其職掌同也朝大夫如言山衡林衡之類每國者如言大山大林麓之類都者如言中山小山之類按都則之官已闕朝大夫職掌具存乃掌都家之國治日朝以聽國事序官每國上士二人下士四人云云則得每都復設朝大夫也惟注文亦自兩岐既言主都家之八則又言每都如朝大夫及都司馬疑上句乃舊注鄭康成則云當言每都如朝大夫及都司馬俞即言當言每都之注而演之總以都則已闕故言人人殊其實通經殊不爭此

十六日晴

寄八弟書並高麗蔘二斤

姚少監以武功三十首得名人稱姚武功在北宋不甚顯永嘉四靈始奉以為宗標要謂末流寫景於瑣屑寄情於偏僻由摹倣者滯於一家趨而愈下不必追咎作始繼美次蘿樓集中有與裴晉公詩文有與白樂天李公垂詩其取友之端可想然亦與楊汝士輩唱酬是能不阿附兩黨者其人宜可取真詩宜可傳矣但以為文昌二友摯岳之師猶未盡也

十七日晴

十八日晴

十九日晴

永詩自都回

二十日晴

答永詩買舊墨十餘挺内有　元墨一丸吳蓮洋墨一笏

乃上品也

二十一日晴

二十二日晴

得陸世兄書月湖先生之子名慶甲慶頤泉字養家貧求助

二十三日晴

仲彭回署

西洋鍊鑌為鋼於是論洋務者紛然以鋼為泰西獨得之秘李時珍本草謂鋼分三種有生鐵夾熟鐵鍊成者有精鐵百鍊出鋼者有西南海山中生成狀如紫石英者凡刀劍諸刃皆是鋼鐵也余案說文鏤剛鐵也可以刻鏤又鋻剛也段氏謂剛乃㓻之誤引刀部㓻刃劒刃也刃下曰刀鋻也為證不知鋻從臤得聲堅剛同意似以鋻訓剛為是鋻即作刃之剛鐵廣韻鋻訓鐵是其確證

二十四日晴。

小傳臚，狀元吳魯，榜眼文廷式，探花吳蔭培，傳臚蕭大猷，李

經畬二甲一名

二十五日晴

借再同明十行無注本莊子，閱月餘校之，錯誤不可校舉，今日擇

其可取者摘出，以原書寄還，並作書復之

二十六日晴

楊洛鎣雪廬壬午副榜戊子舉人劉麒祥均來見

二十七日晴

答劉康侯同年一帋勘剛侍郎 其眷屬回南也

二十八日晴

蔡孫自粵回得九弟及安姪書蘇福由都回得允言書

二十九日晴

望課以晉書禮志書後命題諸生均取一二節立論無能通閱三卷者或取錢氏考異無能以宋書禮志對勘者蓋院中高才生惟楊雪廬天餘皆文士而非學人耳 别有校勘記詳之

偶讀袁清容集其開平第一集如雨中渡南口云瘦馬齕亂石高下齧其蹄陟巘沮洳深漸覺所歷低彈琴峽云下有戰士

骨鳴咽水中鳴又云爲作董風作散彼巖下情第四集開平三度

端陽云傳車俯首不得語鄰牆簫聲雜駝鼓極清容當元

極盛々時易踐清華往來々扈從故其詩偶如勞者々歌而非

怨大々語不足狀縣邈方今蒼地楓作昨來談及舊時行役有感

循生聊亦書之

五月初一日晴

復袁爽秋書

余愛沈石田書不可得則求其畫畫不可得則求其詩陳明卿

瞿耕石兩本澗于均有之戲亦校經繳卷或讀史餘閑論若杜香

一編橫幅亦以辟睡魔祛暑氣偶記其一畫松田云吹燈照影

蛟起舞直欲排空掉長尾沈書學山谷嘲谷書者輒云樹

梢挂死蛇余謂死蛇乃黃書之病舞蛟乃沈書之神實則

兩即丞書黃即丞沈學黃沈者當作舞蛟勿作死蛇也

初二日晴亢熱

王楓臣來談

鮑翁家藏集跋山谷書頗多令錄之跋草書李白贈懷素長歌曰

山谷寫此歌所謂飄風驟雨落花飛雪等語雖自謂可也跋沈啟南

所藏墨蹟云山谷論書云凡書要拙多於巧近世少年作字如新

婦子粧梳百種點綴無丑婦態觀此老杜二詩乃其所自作信哉其爲列婦也與歐陽公謂蘇子美論書而用筆不遠其所論者異矣沈氏子孫宜世藏之跋陰長生三詩云陰長生此詩非山谷書之類沒于世豈此卷卒爲世所重者豈以其詩哉抑之刑曹好藏古法帖能識其妙此又其先博士公時所藏又其家之故物云跋發願文云啟南所藏黃書數種予嘗獲徧覽當以此卷爲最題李職方所藏草書云昔東坡見山谷草書從旁稱歎錢穆父獨惜以爲未見懷素真迹後山谷見自敍帖書法頓覺大進不審此卷作時是嘗見耶抑或未見耶職方深於書者

藏氏其必能辨之跋山谷草書云故太常崑山夏公所蓄蓋出
煨燼中跋其下並缺一字今大理寺副德馨以為先世物手
補完之與真迹無異自是為夏氏後人者尤宜寶藏不特為
古法書矣跋所書南山懶殘和尚歌云山谷好佛故書此歌亦甚
著意然其平生固未嘗一筆率易也右跋均深有得於黃
故其語極中肯綮其時吳學蘇沈學黃均得神似顧沈宗朱
文公說以宋四家蘇端明第一次蘇次黃次米而能翁所云未嘗一
筆率易尤為學黃第一要訣處觀此可由蘇黃之道可得
矣說之合善學者必專守一家為依門傍戶之見必不能成一藝

也

初三日晴熱甚

午後劉獻夫來得八弟書

啟南有詠錢五首頗足砭世如云有堪使鬼原非謬無任呼兄亦未來則由肖炎涼之態昨日賣文留短陌免教愚虜誚空囊則酷摹酸澀之作結云祗除義士并廉吏萬貫須明不易開則看低多少世人矣其落花詩隨園極賞之非無佳句嫌其二十首只是一意耳

初四日晴

過晦若少談復九弟書夜間忽有所苦右手忽微傷作痛
余最愛陳壽志晦若云其亡友林主事國贊有讀裴注一卷攷證
極審其兄國賡亦深於史學陳蘭甫謂之二林
義廷由都隸言今科本以文廷式為狀元因策仿宣公而誤以閭
閻作閭面抑置第二云
初五日晴是日夏至復八弟書
午節無事手微痠仍校晉志以續漢志通典訂之所得益多記
管子輕重已篇言迎氣五郊與月令合決為參竄之一節為淺人
割足篇數其出郊里數有四十六里九十二里一百三十八里之遠余已

擴劉芳傳正之矣讀漢志云永平中以讖及月令有五郊迎氣服色因采元始故事兆五郊于雒陽注引月令章句東郊八里南郊七里中兆五里西郊九里北郊六里斯為確據復以皇覽佐之節予之義大明矣

初六日晴

晦若來談許豫生來知陳叔毅朝考一等寄伯潛書

典略云琳作諸書及檄草成呈太祖太祖先苦頭風是日疾發臥讀琳所作翕然而起曰此愈我疾數加厚賜今人以三國演義故揶揄為據讀孔璋為袁紹檄豫州文作傳不採所目愈頭

風可笑之至

初七日晴

合肥至海口驗平遠船薄莫即踩乘鐵車也天津已初急雨一陣而海口則未初急雨一陣讀坡公浙西飛雨過江來之句真能測天者

劉先主以英雄見忌於操武侯亦稱其延攬英雄碩在徐州如陳元龍父子先主極与周旋而在先主作牧時亦因其為先主畫一長策也呂布取徐陳登乃為操作間豈其時操奸亦露故耶天韓嵩之說劉表張昭之勸孫權亦時以操為漢相

原有此一種迂儒謬論亦何足責元龍文武膽志盛為先主所推乃亦聞陳此時特韓嵩張昭之徒耳何足道哉難以此也吾思元龍亦止能以下床臥之安得到百尺樓耶

初八日晴

得九言復書指弁田也念弟妹遠宦一身浮寄蹤隱無聊賴甚呼酒之悶薄飲不醉是日寄確卿暨氏兩書並以廿元寄陸世兄澤母千金人生快意事余半生落拓於師友每先施未能真可愧也

初九日晴

合肥之弟稚荃先生歿于蕪湖

初十日晴

韋楷傳注子秀字成叔首緯冀州記王愷令都官誣奏秀夜在道中載高平國守士田興妻秀即表訴被誣陷之由論愷穢行文辭尤厲朝臣雖多證明秀者由是而損擯秀雖誣可也及昏不可也君子處讒謗之際當知所處矣

十一日雨

伯平自大同来寓六吉店往候之暢談移時

十二日晴

得八弟書

十三日晴

偕集賢書院与伯平小飲，自未至戌，甚樂

十四日晴

摘三國志注疏，欲理水經注矣

讀蜀志劉彭廖李劉魏楊傳，感慨係之。以昭烈為主，諸葛為相，而所誅戮尚如此耶？封之不救荊州，嚴之違錯章著，固當罪矣。彭、廖特自言語，劉威碩与楊威公僅同与魏文長不和，時欲侍文長不得不廢，威碩年合之魏之崔季珪、吳之張惠恕楚輩君乎廢世

惟有明哲保身而已

十五日晴甚涼爽

得吳慎生書

蜀書杜周等傳讀之極有味如杜微之稱聾不出與譙周之勸降雖亦致不同然國強時多一隱逸何損國弱時即文人不爲貳臣而皆爲隱逸亦何益承祚蓋深服蜀之無才以至於亡君德尚第二義也孟光來敏嘵嘵讙咋以爭經義在劇談之世亦合棄之高閒如李欽仲之好技藝算術亦頗機械加以木牛流馬允哉連弩皆足參領其制度何以亦同諸人合傳曰立國在道不

在氣在人不在器也不取將相之大才而徒恃工匠之小智亦何益以立國哉君子六藝其大者遠者耳觀其取虛光對鄧之語曰今天下未定智意為先知畢視小儒目光如炬也

十六日晴

朱久香來談

李勝為魏明帝禁錮曹爽用之司馬懿以不悦遂坐爽黨以死承祚無傳裴世期以魏略注之略見生平按水經濟水注魏之始三年歲在甲子被癸日詔書割河南郡縣自鞏關以東創建滎陽郡并户二萬年以南鄉筑陽亭侯李勝字公昭為郡守

故原武曲農校尉政有遺惠民為立祠於城北五里號曰李
君祠廟前有石碣碣上有石的石的鈕具存其略曰百族欣戴
咸推厥誠今猶祀禱焉与魏略所云未嘗不稱職合稍很其受
仲遠元語語張從曹爽兄弟并所須志俱出朝陵相從族滅禍
及當塗躓為不智並如駭駭之校繪匪測實亦非常情所能料
耳

十七日雨

寄趙菁衫書得九弟書知去國須月杪始可抵桂林吉雲帆來
程魚門云同時学人以錢辛楣為第一文人以袁簡齋為第一述時如

于艸堂石影

王蘭泉洪稚存均極〻推袁乃其後蒲褐山房及北江詩話大有
微詞何也觀此知面諛之不可信又覺目論之不可憑
十八日雨
合肥師至自來桑乾斷流其年雨水必多今年永定河斷流
至十餘日決不憂旱矣
孫夫人還吳一事余最不解參之法正傳權以妹妻先主妹才捷剛
猛有諸兄之風侍婢百餘人皆親執刀侍立先主每入衷心常
凜〻故武侯云近則懼孫夫人生變於肘腋之下蓋婦人從夫
何至有生變肘腋之理此殆諸葛之戲言決非夫人真爲

此髯由關挾逼始致也。注引漢晉春秋云：先主入益州，吳遣迎孫夫人，夫人欲將太子歸吳，諸葛亮使趙雲勒兵斷江，留太子乃得止。亦恐非實。總之，孫劉本屬強合，先主入蜀，夫人偶歸母家，而益州既得，權則志在爭荊，而不肯送妹；先主目顧漢中，不得不讓三郡，外和內攜，即亦不肯迎婦，而孫夫人遂永銜離恨矣。武侯魚水君臣，獨於三郡讓吳之日，不能徵之感動，備從迎還，外弭敵釁，內正宮儀，乃使法孝直入晉文子圉之言，聘劉瑁之寡妻為漢中之新后，無故而違禮教王化之本。禍吳夫孫夫人復還，或不是因吳蜀之好而孫夫人不還，實是趨吳蜀之嫌。武侯于先主

身後堅主和矣而於氏事則疏謬已甚校之不拔荊州爲尤失
焉
十九日陰
王西莊以周公瑾子允罪徙廬陵疑權欲專赤壁功而允或恃父
勳致有過譴乃臆說也孫周布衣昆弟之交似大帝於公瑾身
後無所用其猜忌允功臣之子酗淫自恣權之答詔必實指其
罪非無過見徙如虞仲翔比也世祿之家鮮克由禮豈能
子盡允宗雖日名業愛林況其子孫而爲勳舊者一味
驕奢淫泆何以免於世譏耶西莊之論嘗薄視勳臣者

勸余之論為柳承世貴者箴似各有當耳

二十日陰

答吉雲帆

湯伯述以其祖文端公七十五後手寫九經索題按三國志向朗傳年踰八十猶手自校書刊定謬誤齊書沈驎士傳年過八十耳目猶聰明乃手寫細書成三二千卷文端以宰相左遷請老而精力尚能如此誠人瑞也 文端五朝大節不撓雖然有守一目隱志郎之左遷再目林文忠公左遷其風骨可想見矣為之作五絕句以志景仰

二十一日雨

過晦若晦若喜蕹菜因誦何子貞先生宛海菜詩有若瓜香蕹終朝見就中最美金鯽魚句以為美樂眾皆讀蕹如甕茨集韻收入鍾部無反音也嵇含南方草木狀蕹葉如落葵而小性冷味甘南人編葦為筏作小孔浮於水上種子於水中則如萍根浮水面及長莖葉皆出於葦筏孔中隨水上下南方之奇蔬也冶葛有大毒以蕹汁滴其苗當時萎死世傳魏武能啖冶葛至一尺云先食此菜

二十二日雨

自村塾以千字文與百家姓課學僮於是題致率曰智永千文或
首作千字文者輒筴其陋按舊唐書柳公權傳宣宗召昇御殿
御前作三帋一帋曰永禪師千字文得家法十一字則眞字字非
也
舊傳公權咸通初改少師又曰大中初改少師必有一誤咸通六年
卒年八十八新書云咸通初乃以太子太保致仕卒年八十八無舊書
則年不可攷矣

廿三日晴

王瀣來談

聞先師倭文端公遺書公傳
穆宗時上古帝王事迹及古今臣工奏議二帙 賜名啟心金鑑上卷
為帝王盛軌下卷為輔弼嘉謨 公掌院時定接見之章
續講編檢分期以學問相切磋時開同文館上書爭之
以其與政府忤然至今同文館有何程效 公之見偉矣
余謁 公僅聞數語然藹然可親循循善誘以覘其德
養之深及會試獲雋則 公已疾亟旋騎箕尾所作
為學大旨專主程朱余半生所學殊無可強附師門
者然無論漢宋要以立身行己為先此則服膺弗

失者耳偶觀時而春念老成信乎生有自來者也

廿四日陰

吳慎生嘗有羅念庵書一卷子屬題其文曰書曰必有容德乃大必有忍乃濟君子立心未有不成於容忍而敗於不容忍者也容則能恕人忍則能耐事一毫之怫有勃然而怒一事之逆即憤然而發是無涵養之力薄福之人也是故大丈夫當容人而不可為人容當制欲而不可為欲制觀婁師德兩吉之為人則氣自平而理自明矣　稠人廣坐之中不可極口議論逞己之長非惟惹禍抑亦傷人惟有簡言語和顏色隨問即答庶幾

可耳羅洪先書於澹泊寧靜齋前題國宝二大字（宝不作寶）乃
明世廟書並有題云朕觀羅洪先字真有仙筆氣力其語
言談論以忠厚為心卿等當珍坐右軽之一狀元丟去墓道訪
仙朕切念之付翰林官秦鳴雷諭各官欽遵嘉靖二十三年
蘭月既望午時書于端明殿（暑時不暑日可異）後有方沃園王幼華
兩先生跋沃園跋云往在處州學官見先生四箴碑乃正書
清勁之氣奪人心神未多見其行草今觀此卷妙飛仙散
聖神游八表洵如明世宗所云有仙筆氣力至世廟御翰從
未得見今日何幸獲觀之寶若遇合之奇歲月之符則南宫

之得蘇才翁家禊帖相与彷彿信神物之躲異士默有司存
宜渠汾之孫睇也康熙十二年歲在癸丑菊月既望龍眠方亨
咸同毛行九志基見于嵩齡觀于東流舟中幼華跋之文恭先
生書法昴鄉見於維揚江氏家輪囷磥落玩之竟日不忍去今觀
斯卷如對故人殆崔瑗所謂纖微要妙放逸生奇者矣容
悉之說与秋風慶雲之喻互相發明真千古格言余得從渠
汾先生處觀之晴窗花散清秘滿目可稱幸其遇之奇也七日
三月邵陽王又旦識　按念庵以嘉靖十八年留拜左春坊左贊善
踰年至京上常不御朝十二月先生与唐順之趙時春請以來歲

元日皇太子御文華殿受百官朝賀上曰朕方二歲遂欲儲貳臨朝是必居父不能趙也皆黜為民三十七年以嚴嵩趙唐順之為兵部主事次反先生先生以畢志林壑辭之四十三年卒以上據明儒學案明史則云隆慶初卒二十三年擢先生罷官已四年世宗既深責歎何無趙用之謂此禮院播則時相必相率論薦又何待十四年後方宜拆政始由荊川並趙裁雜不能決遂以是卷錄之不敢卒遺也

廿五日晴

廿六日晴

寄安姪書

廿七日晴

得袁奐秋書言曹瞞累勝而士不附劉豫州累敗而士附余謂不然如袁渙為豫州所舉茂才雖不為呂布罵先主然布敗歸曹不隨先主也裴潛避亂荊州劉表待以賓禮潛以劉牧非霸王之才遂南適長沙參丞相軍事論先主居中國能亂人而不能為治如元龍父子先主與之周旋而元龍遂為曹守廣陵卻入蜀以後如許文休劉子初亦皆心向曹公特無路自拔勉為蜀用耳所以然者操以漢相之重挾累勝之威攀鱗附翼者爭欲藉以成名其勢易集先主崎嶇以奔敗妻子不能顧何能養士士之與相

周旋者不過孫乾糜竺下材爲鄴下之所不屑用者焉能内
聰異之材裁率而議壽未睹武鄉威激以收日士心半附名
益德不能撫荆土而空中原者實以徐州作牧無尺寸策尺寸力
皆困流離積年天下事已定而先主亦老矣豈非天哉

廿八日陰

寄八弟及柳質卿書高陽以[illegible][illegible]痛謁告作戚候之

黃權降魏已非節士然未嘗爲丕謀蜀也潘濬則異矣備領
荆州以濬爲治中從事入蜀典留州事及權并荆土拜濬輔
軍中郎將授以兵注稱濬始涕泣交横繼則下地拜謝愈形

矯偽及樊伷誘導諸夷圖以武陵屬蜀權問潘，潘答以五千兵
往足可擒伷濬不得已而失身於吳即不能自拔疎蜀亦不必如
孟達之反復失據但伷心乎救主似濬不當授任將兵親加刃於舊
國故主方合於義乃為侏儒觀一節之說快意騁才結新背故
誠險人也昔魯肅薦龐士元謂處治中別駕之任始當展其
驥足濬為先主治中不為不遇豈眾人國士之別乎漢壽守荊
之日初不聞其稍出一謀而入吳以後乃卓有樹立負蜀多矣承
祚謂其公清割斷與陸遜敵風皆有大丈夫格夫再醮稱貞何足
道哉

二十九日雨

閱山東汶泗均溢

三十日晴

以溥彼韓城燕師所完解課士業國朝諸儒從王說者顧亭林江艮庭王朱右曾詩地理徵陳奐毛詩疏而益堅以燕為南燕者則馬瑞辰俞正燮也胡墨莊從鄭燕安之訓而未申其義李黼平以為韓近匪獲均在今之榆林塞外說甚雜而無根據余反復諸說而後知集傳之精也韓自是應韓之韓燕自是北燕特朱子因崧高疏引王肅云召公為司空主繕

洽遂云召康公二為司空則非是今特攷之周之命侯伯時遣召
公左氏僖四年傳管仲曰昔召康公命我先君大公曰五侯九伯汝實
征之以夾輔周室賜我先君履東至于海西至于河南至于穆陵北至
于無棣天子有二伯成王時召公命韓以北方諸侯之伯故亦召公往而城
之及厲王之世二伯失職宣王中興以南征北伐為二大功征伐既定
以申伯為南方諸侯伯以韓侯為北方諸侯伯又皆命召虎可知
崧高韓奕二詩皆吉甫所作其文實可互證偶忘召伯為藍
師而諸儒聚訟紛紛何關論世可笑也因申而以崧高發端因韓
而以梁山發端彼曰王錫申伯四牡蹻蹻鉤膺濯濯此曰王錫韓侯淑

旂綏章簟茀錯衡朱袞赤舄鏤鍚鞹鞃淺幭鞗革金厄則
錫命同也彼曰南國此曰北國則私屬同也娶妻止是當日實事故
並敍〻其曰為韓姞相攸莫如韓樂亦即莊高所云我國亦居
莫如南土耳申伯信邁王餞于郿韓侯出祖出宿于屠顯父餞〻
之清酒百壺顯父亦王所命非有厚薄也故彼曰王命召伯徹
執其功即此之燕師是究同是謝人即與同時百蠻一例王必以寔
歸城為韓城非也為俞以南燕姞姓定燕為南燕則未知前所
賦為娶妻時所賦為錫命不能以公私涵為一事亦非也
宣王命〻伯極盛之舉實是衰機申伯王舅韓侯所娶之珍

王之錫如詩所云韓侯纘祖考為復舊職而申侯則奪齊之伯以與之毛傳於仲山甫徂齊（城彼東方）曰古者諸侯之居逼隘則王者遷其邑而定其之居蓋去薄姑而遷於臨菑此必同齊侯失職仲山甫亦有諫爭故命往城際菑以慰勞齊侯所云袞職有闕維仲山甫補之之語非指諫諍民事耳及幽王之世幽國不道而創亂即是申侯使非牧伯安能連合繒西夷犬戎以攻幽王乎南伯既殺恃北伯以衛王室而東遷實依晉鄭韓無聞焉豈非方伯失人哉史記於宣王事寥寥蓋不以詩人鋪陳之為實迹也

卓哉

春秋時齊桓晉文為侯伯齊乃復舊職晉之伯即郇之伯也

曰晉已滅韓故即以郇之職畀之 鄭語史伯曰應韓不在其在晉乎韋昭謂不在應郇即

在晉是時郇乃為侯伯而文伯乃既在郇而謂晉必郇侯之不才可知也

或疑黍苗之詩曰肅肅謝功召伯營之烈烈征師召伯成之何以不兼及

韓城答曰詩序不能膏潤天下卿士不能行召伯之職此詩必戍申之

徒所作耳正可為召伯稱師之證蔵師即征師也

光緒十六年六月朔日雨

蔡中郎薦邊讓於何進曰傳曰函牛之鼎以烹雞多汁則淡而不可食少汁則熬而不可熟孔融薦禰衡於曹操曰鷙鳥累百不如一鶚使薦者誠副其言皆為何進曹操用乎此不必咎進操當咎中郎北海也士大夫往往有自昭同此失身為權門鷹犬者不可不慎

史記晉世家以文侯之命為襄王命重耳索隱云太史公雖復弥縫左氏而系家頗亦時有疎謬裴氏集解亦引孔馬之注而都不言時代乖角何習迷而同醉也劉伯莊以為蓋天子命晉同此一

辭尤為非也佩綸案魏默深書古微最喜與時賢辯駁此篇亦復遺之史遷之說不絕如縷矣孫淵如尚書今古文注疏嫌以新序雜之詳甚謀篇謂劉向亦今文家以為文公之命孔安國今文說也文侯之命秦誓二篇乃春秋戰國之非雖人前知存此以志周之興衰耳目當是文公非文侯也索隱畢於後起乃款史公可為妄人

余讀左傳最不喜和戎五利之說此迹時意在爭鄭尚與諸葛公和吳伐魏相因若一意主和自以為有五利而不知害伏萬端則又魏絳之所不及料耳

初二日雨

晚楊生洛鑒來叩其學文不甚主桐城而詩由西崑入手遵宗山谷學杜之派以書院屢列前茅即易應易書無不脫穎行為鍼芥之契亦文字因緣也

邲之戰楚策晉曰從政者新未能行令其大病在此史記鄭世家所敘最妙曰晉聞楚之伐鄭發兵救鄭其來持兩端故遲比至河楚兵已去將率或欲渡或欲還卒渡河莊王聞還擊晉鄭反助楚大破晉軍於河上說盡晉軍情與此豈宜專罪先縠耶晉世家則云先縠以首計而敗晉軍河上懼誅乃奔翟與翟

謀伐晉〻覺乃族穀〻先軫子也與左氏微異並穀已在瞿而晉族〻是穀得免矣悉不如左氏之確也左氏誅罪二字最妙持兩端之荀林父不殺則主戰〻先穀不得不殺且足為孤立妥行者戒矣

初三日雨

菊耦生日素心蘭始放一花是日微醉

與合肥師論曾文正余以為讀文正集有三憾一粵匪功成未表揚胡文忠追贈爵位一李兆受使解兵權不正其罪何丹谿先生之罪一天津之案也

恭近於禮注恭不合禮非禮也以其能遠恥辱故曰近於禮也
按如邢說則近於是恭矣泰伯篇曰恭而無禮則勞仲尼燕居曰
恭而不中禮謂之給勞近禮者以禮處己接人故能遠恥辱
若以不合禮為恭適招恥辱耳何能遠恥辱哉

初四日陰午後急雨一陣夜又雨

各河均溢永定北運河決矣
景武之世董仲舒治公羊春秋始推陰陽為儒者宗今就漢書
五行志所攬者錄之 本傳無
火傳 春秋桓公十四年八月壬申御廩災 仲舒以為先是四國共

伐魯大破之於龍門百姓傷者未瘳怨咎未復而君臣俱惰內
怠政事外侮四鄰非能保守宗廟終其天年者也故天災
御廩以戒之
嚴公二十年夏大災公羊傳曰大災疫也仲舒以為魯夫人淫
於齊齊桓姊妹不嫁者七人國君民之父母夫婦生化之本本傷
則末夭故天災所予也
釐公二十年五月乙巳西宮災仲舒以為釐娶於楚而齊媵之
脅公使立以為夫人西宮者小寢夫人之居也若曰妾何為此宮誅
去之意也以天災之故大之曰西宮也

宣公十六年夏成周宣榭火榭者所以藏樂器宣其名也 仲舒以爲十五年王札子殺召伯毛伯天子不能誅天戒若曰不能行政令何以禮樂爲而藏之 子政說同

成公三年二月甲子新宮災 仲舒以爲成居喪亡哀戚之心數興兵戰伐故天災其父廟示失子道不能奉宗廟也 一曰宣殺君而立不當列於羣祖廟也

襄公三十年五月甲午宋災 仲舒以爲伯姬如宋十五年宋恭公卒伯姬幽居守節三十餘年又憂傷國家之患禍積陰生陽故火生災也

昭公九年夏四月陳火師古曰公羊經 仲舒以為陳夏徵舒殺君楚嚴王託欲為陳討賊陳國闢門而待之至因滅陳陳臣子尤毒恨甚極陰生陽故致火災 劉歆曰予按昭九年夏徵舒弒君且六十歲矣仲舒之言一何謬乎 佩綸按公羊經莊王書入陳昭八年書滅陳此文楚嚴王下有挽字蓋言嚴王時入陳今託討賊滅之故陳臣子尤毒恨甚也廣川何至有此巨謬

昭公十八年五月壬午宋衛陳鄭災 仲舒以為象王室將亂天下莫救故災四國言亡四方也又宋衛陳鄭之君皆荒淫於樂不恤國政與周室同行陽失節則火災出是以同日災也

定公二年五月雉門及兩觀災 仲舒以為此皆奢僭過度者也先是季氏逐昭公昭公死于外定公即位既不能誅季氏又用其邪說淫於

女樂而退孔子天戒若曰去高顯而奢僭者一曰門闕號令所從出也今舍大聖而縱有罪亡以出號令矣 子政說同

哀公三年五月辛卯桓釐宮災 仲舒以為此二宮不當立違禮者也哀公又以季氏之故不用孔子孔子在陳聞魯災曰其桓釐之宮乎以為桓季氏之所出釐使季氏世卿者也 子政說同

哀公四年六月辛丑亳社災 仲舒以為亡國之社所以為戒也天戒若曰國將危亡不用戒矣春秋火災屢於定哀之間不用聖人而縱驕臣將以亡國不明甚也一曰天生孔子非為定哀也蓋失禮不明火災應之自然象也 子政說同

武帝建元六年六月丁酉遼東高廟災四月壬子高園便殿火
仲舒對曰春秋之道舉往以明來是故天下有物視春秋所
舉與同比者精微眇以存其意通倫類以貫其理天地之變
國家之事粲然皆見亡所疑矣按春秋魯定公哀公時季氏
之惡已孰而孔子之聖方盛夫以盛聖而易孰惡季孫雖
重魯君雖輕其勢可成也故定公二年五月兩觀災兩觀僭
禮之物天災之者若曰僭禮之臣可以去已見罪徵而後告可
去此天意也定公不知省至哀公三年五月桓宮釐宮災二者
同事所為一也若曰燔貴而去不義云爾哀公未能見故四年六月

亳社災兩觀桓釐廟亳社四者皆不當立天皆燔其不當立者
以示魯欲其去亂臣而用聖人也季氏亡道久矣前是天不見災
者魯未有賢聖臣雖欲去季孫其力不能昭公是也至定哀迺
見之其時可也不時不見天之道也今高廟不當居遼東高園殿
不當居陵旁於禮亦不當立與魯所災同其不當立久矣至於陛下
時天迺災之者殆亦其時可也昔秦受亡周之敝而亡以化之漢
受亡秦之敝又亡以化之夫繼二敝之後承其下流兼受其猥難
治甚矣又多兄弟親戚骨肉之連驕揚奢侈恣睢者眾所謂
重難之時者也陛下正當大敝之後又遭重難之時甚可憂也

故天災若語陛下當今之世雖敝而重難非以太平至公不能治也視
親戚貴屬在諸侯遠正最甚者忍而誅之如吾燔遼東高廟迺
可視近臣在國中處旁仄及貴而不正者忍而誅之如吾燔高
園殿迺可云尓在外而不正者雖貴如高廟猶灾燔之況諸侯乎在
內不正者雖貴如高園殿猶燔灾之況大臣乎此天意也辠在外
者天灾外辠在內者天灾內燔甚辠當重燔簡辠當輕承
天意之道也
五行志先是淮南王安入朝始与帝舅太尉武安侯田蚡有逆言
其後膠西于王趙敬肅王常山憲王皆數犯法或至夷滅人

家葉殺二千石而淮南衡山王遂謀反膠東江都王皆知其謀
陰治兵弩欲以應之至元朔六年迺發覺而伏辜時田蚡
已死不及誅上思仲舒前言使仲舒弟子呂步舒持斧鉞
治淮南獄以春秋誼顓斷於外不請既還奏事上皆是
之

佩綸案漢書武紀元光元年五月詔賢良於是董仲舒公孫宏
出焉董仲舒傳中廢為中大夫先是遼東高廟長陵高園殿
災仲舒居家推說其意屮稾未上主父偃候仲舒私見嫉之
竊其書而奏焉上召視諸儒仲舒弟子呂步舒不知其師書

以為大愚於是下仲舒吏當死詔赦之與此所異實在建元六年若元光元年始舉賢良則仲舒方下吏赦免之後豈能預選彼云竊稾此云對之過殊宜通鑑移對策於建元初年也儒林傳步舒丞相長史使以師書為大愚則追思仲舒之言豈能復令決獄淮南王安傳上使宗正以符節治王未至安自刑殺亦不當遠呂步舒也以師言為大愚者古本作呂步舒錢氏攷異自主父偃傳元光元年西入關而高廟高園殿災乃在建元六年其明年始改元光計其年月殆不相應恐此志所云詞是野史稗官矣

初五日雨

環署著築防杵聲、徹晝夜撼彭依欄濤聲、到枕署左右人家均

在水中央所憂乃大

土傳　嚴公二十八年冬大水亡麥禾　仲舒以為夫人哀姜淫亂逆陰

氣故大水也　當入水災下班志以子政說亡麥禾為土氣不養稼穡列於此　其實非也

金傳　無

水傳　桓公元年秋大水　仲舒以為桓弒兄隱公民臣痛隱而

賤桓後宋督弒其君諸侯會將討之桓受宋賂而歸又背宋

諸侯由是伐魯仍交兵結仇伏尸流血百姓愈怨故十三年夏

復大水一曰夫人驕淫將弒君陰氣盛桓不寤卒弒死　子政說因

嚴公七年秋大水亡麥苗　仲舒以為嚴母文姜与兄齊襄公淫
共殺桓公嚴釋父仇復取齊女未入先与之淫一年再出會於
道逆亂臣下賤之之應也　子政說同
十一年秋大水　仲舒以為時魯宋比年為乘丘鄑之戰百姓愁
怨陰氣盛故二國俱水
二十四年大水　仲舒以為夫人哀姜淫亂不婦陰氣盛也
宣公十年秋大水饑　仲舒以為時比伐邾取邑亦見報以兵饑連
結百姓愁怨
成公五年秋大水　仲舒以為時成幼弱政在大夫前此一年再用

師明年復城鄆以彊私家仲孫蔑叔孫僑如顓會宋晉陰勝

陽子政說同

襄公二十四年秋大水　仲舒以為先是一年齊伐晉襄使大夫帥師救晉後又侵齊國小兵弱數敵彊大百姓愁怨陰氣盛

貌傳　成公七年正月鼷鼠食郊牛角改卜牛又食其角　仲舒以為鼷鼠食郊牛皆養牲不謹也　此條宣公十五年哀公元年言之當附哀公而列此志之疏也

言傳　釐公二十一年夏大旱　仲舒以為齊桓既死諸侯從楚釐尤得楚心楚來獻捷釋宋之執外倚彊楚炕陽失眾又作南門勞民興役　子政說同　諸雩旱不雨略皆同說　此志之謬前水火亦有同說者何備載之董說遂不傳志何亡其義也

嚴公十七年冬多麋　劉向以為麋色青近青祥也麋之為言迷也
蓋牝獸之淫者也是時嚴公將取齊之淫女其象先見天戒若曰勿
取齊女淫而迷國嚴不寤遂取之夫人既入淫於二叔終皆誅死幾亡
社稷仲舒指略同
視傳　桓公十五年春亡冰　仲舒以為象夫人不正陰失節也
成公元年二月無冰　仲舒以為方有宣公之喪君臣無悲哀之心而炕陽
作丘甲
襄公二十八年春無冰　劉向以為先是公作三軍有侵陵用武之意於是
鄰國不和伐其三鄙被兵十有餘年因之以饑饉百姓愁怨臣下心離公

懼而弛緩不敢行誅罰楚有夷狄行公有從楚心不明善惡董仲舒指略同一曰水旱之災寒暑之變天下皆同故曰無冰天下異也桓公殺兄弒君外成宋亂与鄭易邑背畔周室成公時楚橫行中國王札子殺召伯毛伯晉敗天子之師于貿戎天子皆不能討襄公時天下諸侯之大夫皆執國權君不能制漸將日甚善惡不明誅罰不行周失之舒秦失之急故周衰亡寒歲秦滅亡奧年此一說公羊家之當是廣川說而子政從之者

僖公三十三年十二月隕霜不殺草　劉向以為今十月周十二月於易五為天位為君位九月陰氣至五通於天位其卦為剝剝落萬物始大殺矣明

陰從陽命臣受君令而後殺也今十月隕霜而不能殺草此君誅不行舒緩之應也是時公子遂顓權三桓始世官天戒若曰自此以後將皆為亂矣文公不寤其後遂殺子赤三家逐昭公董仲舒指略同

僖公三十三年十二月李梅實　仲舒以為李梅實臣下彊也記曰不當華而華易大夫不當實而實易相室冬水王木相故象大臣

昭公二十五年夏有鸜鵒來巢　劉向以為有蜚有蜮不言來者氣所生所謂眚也鸜鵒言來者氣所致所謂祥也鸜鵒夷狄穴藏之禽來至中國不穴而巢陰居陽位象季氏將逐昭公去宮室而居外野也鸜鵒白羽旱之祥也穴居而好水黑色為主急之應也天戒若曰既

失衆不可急暴急暴陰將持節陽以逐尔去宮室而居外野矣昭不寤而舉兵圍季氏爲季氏所敗出奔于齊遂死于外野董仲舒指說略同

聽傳 桓公八年十月雨雪 仲舒以爲象夫人專恣陰氣盛也

釐公十年冬大雨雪（公羊經雪作雹） 仲舒以爲公脅於齊桓公立妾爲夫人不敢進羣妾故專壹之象見於雹皆爲有所漸脅也行專壹之政云

昭公四年正月大雨雪 仲舒以爲季孫宿任政陰氣盛也

桓公五年秋大雩 劉向以爲介葛之聘屬言不從是歲公獲二國之聘取鼎易邑興役起城諸雩略皆從仲舒說云

按下二節事政之說一路因仲舒一異於仲舒後文公八年十月螽時公伐邾取須朐城邾宣公六年八月螽向以為先是時宣伐莒向後比再如齊謀伐萊十三年秋螽公孫歸父會齊伐莒十五年秋螽宣亡熟歲數有軍旅襄七年八月螽向以為先是襄興師救陳滕子郯子小邾子皆來朝夏城費哀公十二年十二月螽是時哀用田賦向以為春用田賦冬而螽十三年九月螽十二月螽比三螽虐取於民之效也其說皆本於廣川可知

嚴公二十九年有蜚劉向以為蜚色青近青眚也非中國所有南越盛暑男女同川澤淫風所生為蟲臭惡是時嚴公取齊淫女為夫人既入淫於兩叔故蜚至天戒若曰今誅絕之尚及不將生臭惡於四方嚴公不寤其後夫人與兩叔作亂二嗣以殺卒皆被辜仲舒指略同疑南越之也此非廣川指

釐十五年八月螽劉向以為先是釐有鹹之會後城緣陵是歲

復以兵車為牡丘會使公孫敖帥師及諸侯大夫救徐兵比三年

在外 此下無仲舒指略同當与從廣川說

文公三年秋雨螽于宋 仲舒以為宋三世內取大夫專恣殺生不中故螽

先死而至

宣公十五年冬蝝生 仲舒以為蝝螟始生也一曰螟始生是時民患上力役

解於公田宣是時初稅畝稅畝就民田畝擇美者稅其什一亂先王

制而為貪利故應是而蝝生 子政說同 志有屬蠃蟲之孽白乃子政引廣川以釋洪範五行耳

思心傳 釐公十五年九月己卯晦震夷伯之廟 仲舒以為夷伯季氏

之孚也陪臣不當有廟震者雷也晦暝雷擊其廟明當絕去僭差之類也

隱公五年秋螟　仲舒以為時公觀漁于棠貪利之應也　子政說同

嚴公六年秋螟　仲舒以為先是衛侯朔出奔齊齊侯會諸侯納朔許諸侯賂齊齊人賕衛寶魯受之貪利應也　子政說同

宣公三年郊牛之口傷改卜牛牛死　劉向以為近牛禍也是時宣公與公子遂謀共殺子赤而立又以喪娶區瞀霿昏亂亂成於口幸有季文子得免於禍天猶惡之生則不饗其祀死則災燔其廟　董仲舒指略同

案區霿牛禍之說子政所據殆本廣川公羊師說以釋五行傳

文公九年九月癸酉地震 劉向以為先是時齊桓晉文魯釐二伯賢君新沒周襄王失道楚穆王殺父諸侯皆不肖權傾於下天戒若曰臣下彊盛者將動為害後宋魯晉莒鄭陳齊皆殺君諸震略皆從仲舒說也

按襄十六年五月甲子地震向以為先是雞澤之會諸侯盟大夫又盟是歲三月諸侯為溴梁之會而大夫獨相與盟五月地震矣其後崔氏專齊欒盈亂晉良霄傾鄭閽殺吳子燕逐其君楚滅陳蔡

昭公十九年五月己卯地震向以為是時季氏將有逐君之變其後宋三臣曹會皆以地叛蔡莒逐其君吳敗中國殺二君二十三年八月乙未地震向以為是時周景王崩劉單立王子猛尹氏立子朝其後季氏逐昭公黑肱叛鄭邾吳殺其君僚宋五大夫晉二大夫皆以地叛哀公三年四月甲午地震向以為是時諸侯皆信

邪臣莫能用仲尼盜殺蔡侯齊陳乞弒君皆從廣川說也

釐公十四年秋八月辛卯沙麓崩穀梁傳曰林屬於山曰麓沙其名也劉向以為臣下背叛散落不事上之象也先是齊桓行伯道會諸侯事周室管仲既死桓德日衰天戒若曰伯道將廢諸侯散落政逮大夫陪臣執命臣下不事上矣桓公不寤天子蔽晦及齊桓死天下散而從楚王札子殺二大夫晉敗天子之師莫能征討從是陵遲公羊以為沙麓河上邑也仲舒說略同 尚有一說主左氏殆向說非仲舒

成公五年夏梁山崩穀梁傳曰廱河三日不流晉君帥群臣而哭之

迺流　劉向以為山陽君也水陰民也天戒若曰君道崩壞下亂百姓將失其所矣哭然後流喪亡象也梁山在晉地自晉始而及天下也後晉暴殺三卿厲公以弒溴梁之會天下大夫皆執國政其後孫甯出衛獻三家逐魯昭單尹亂王室　仲舒說略同

皇極傳　隱公三年二月己巳日有食之　穀梁傳曰言日不言朔食晦　公羊傳曰食二日　仲舒以為其後戎執天子之使鄭獲魯隱滅戴衛魯宋咸殺君　子政說同

桓公三年七月壬辰朔日有食之既　仲舒以為前事已大後事將至者又大則既先是魯宋弒君魯又成宋亂易許田亡事天子之心

楚僭稱王後鄭拒王師䠶桓王又二君相簒子政說同

十七年十月朔日有食之　仲舒以為言朔不言日惡魯桓且有夫人之禍將不終日也

嚴公十八年三月日有食之　公羊傳日食晦　仲舒以為宿在東壁魯象也後公子慶父叔牙果通於夫人以劫公

二十五年六月辛未朔日有食之　仲舒以為宿在畢主邊兵夷狄象也後狄滅邢衛

二十六年十二月癸亥朔日有食之　仲舒以為宿在心心為明堂文武之道廢中國不絕若綫之象也

三十年九月庚午朔日有食之　仲舒以為後魯二君弒夫人誅兩弟

死狄滅邢徐取舒晉殺世子楚滅弦　子政說同

僖公五年九月戊申朔日有食之　仲舒以為先是齊桓行伯江黃

自至南服彊楚其後不內自正而外執陳大夫則陳楚不附鄭伯逃

盟諸侯將不從桓政故天見戒其後晉滅虢楚圍許諸侯伐鄭

晉弒二君狄滅溫楚伐黃桓不能救　子政說同

十二年三月庚午朔日有食之　仲舒以為是時楚滅黃狄侵衛

鄭莒滅杞

十五年五月日有食之　仲舒以為後秦獲晉侯齊滅項楚敗徐

子晏林

文公元年二月癸亥日有食之　仲舒以為先是大夫始執國政公子遂如京師後楚世子商臣殺父齊公子商人弒君皆自立宋子哀出奔晉滅江楚滅六大夫公孫敖叔彭生並專會盟　子政說同

十五年六月辛丑朔日有食之　仲舒以為後宋齊莒晉鄭八年之間五君殺死楚滅舒蓼　子政說同

宣公八年七月甲子日有食之既　仲舒以為先是楚商臣弒父而立至于嚴王遂彊諸夏大國惟有齊晉齊晉新有篡弒之禍內皆未安故楚乘勢橫行八年之間六侵伐而一滅國伐陸渾戎觀

兵周室後又入鄭〻伯肉袒謝罪北敗晉師于邲流血色水圍宋九

月析骸而炊之 子政說同

十年四月丙辰日有食之 仲舒以為後陳夏徵舒弒其君楚滅蕭

晉滅二國王札子殺召伯毛伯 子政說同

十七年六月癸卯日有食之 仲舒以為後邾支解鄫子晉敗王師

于貿戎敗齊于鞌 子政說同

成公十六年六月丙寅朔日有食之 仲舒以為後晉敗楚鄭于鄢

陵執魯侯

十七年十二月丁巳朔日有食之 仲舒以為後楚滅舒庸晉弒

其君宋魚石因楚奪君邑莒滅鄫齊滅萊鄭伯弒死 子政説同

襄公十四年二月乙未朔日有食之 仲舒以為後衛大夫孫甯共逐

獻公立孫剽 子政説同

十五年八月丁巳日有食之 仲舒以為先是晉為雞澤之會諸

侯盟又大夫盟後為溴梁之會諸侯在而大夫獨相與盟君若

綴斿不能舉手 子政説同

二十年十月丙辰朔日有食之 仲舒以為陳慶虎慶寅蔽君之明

邾庶其有叛心後庶其以漆閭丘來奔陳殺二慶

二十一年九月庚戌朔日有食之 仲舒以為晉欒盈將犯君後入于

曲沃
十月庚辰朔日有食之　仲舒以為宿在軫角楚大國象也後楚
屈氏譖殺公子追舒齊慶封脅君亂國
二十三年二月癸酉朔日有食之　仲舒以為後衛侯入陳儀甯喜
弑其君剽
二十四年七月甲子朔日有食之既　八月癸巳朔日有食之　仲舒以為比
食又既象陽將絕夷狄主中國之象也後六君弑楚子果從諸侯
伐鄭滅舒鳩魯往朝之卒主中國伐吳討慶封
二十七年十二月乙亥朔日有食之　仲舒以為禮義將大滅絕之象也

時吳子好勇使刑人守門蔡侯通於世子之妻莒不早立嗣後閽戕吳

子世子般弒其父莒人亦弒君而庶子爭

劉向以為自二十年至此歲八年間日食七作禍亂將重起故天仍見

戒也後齊崔杼弒君宋殺世子北燕伯出奔鄭大夫自外入而篡

位指略如董仲舒

昭公七年四月甲辰朔日有食之 仲舒以為先是楚靈王弒君而立

會諸侯執徐子滅賴後陳公子招殺世子楚因而滅之又滅蔡後靈

王亦弒死子政說同

十七年六月甲戌朔日有食之 仲舒以為時宿在畢晉國象也晉厲

公誅四大夫失衆心以弒死後莫敢復責大夫六卿遂相與比周專晉國

君還事之日也再食其事在春秋後故不載於經

二十一年七月壬午朔日有食之　仲舒以為周景王老劉子單子專權蔡侯朱驕後君臣不說之象也後蔡侯朱果出奔劉子單子立王猛

二十二年十二月癸酉朔日有食之　仲舒以為宿在心天子之象也後尹氏立王子朝天王居于狄泉

二十四年五月乙未朔日有食之　仲舒以為宿在胃魯象也後昭公為齊（季）氏所逐

按劉以為自十五年至此歲十年間天戒七見人君猶不寤後楚殺戎蠻子晉滅陸渾戎盜殺衛侯兄蔡莒之君出奔吳滅巢公子

先殺王使宋三臣以邑叛其君它如仲舒

三十一年十二月辛亥朔日有食之　仲舒以為宿在心天子象也時京師

微弱後諸侯果相率而城周宋中幾亡尊天子之心而不衰城

定公五年三月辛亥朔日有食之　仲舒以為後鄭滅許魯陽虎作

亂竊寶玉大弓季桓子退仲尼宋三臣以邑叛　子政說同

十二年十一月丙寅朔日有食之　仲舒以為後晉三大夫以邑叛薛

弒其君楚滅頓胡越敗吳衛逐世子

十五年八月庚辰朔日有食之　仲舒以為宿在柳周室大壞夷狄

主諸夏之象也明年中國諸侯果累累從楚而圍蔡蔡恐遷于州

來晉人執戎蠻子歸于楚京師楚也

嚴公七年四月辛卯夜恒星不見夜中星隕如雨　仲舒以為常星二十

八宿者人君之象也眾星萬民之類也列宿不見象諸侯微也眾星

隕墜民失其所也夜中者為中國也不及地而復象齊桓起而救存

之也鄉亡桓公星遂至地中國其良絕矣

按仲舒下有劉向二字而此節下又有劉向以為云云或于政一說因前而又附

劉一說或前劉向二字為羨文

文公十四年七月有星孛入于北斗　仲舒以為孛者惡氣之所生也謂

之孛者言其孛孛有所妨蔽闇亂不明之貌也北斗大國象後齊

宋魯莒晉皆弒君

昭公十七年冬有星孛于大辰　仲舒以為大辰心也心為明堂天子之
象後王室大亂三王分爭此其效也
哀公十三年冬十一月有星孛于東方　仲舒以為不言宿名者不
加宿也以辰乘日而出亂氣蔽君明也明年春秋事終一曰周之
十一月夏九月日在氐出東方者軫角亢也軫楚角亢陳鄭也
或曰角亢大國象為齊晉也其後楚滅陳田氏簒齊六卿分
晉此其效也　壬政說因
釐公十六年正月戊申朔隕石于宋五是月六鶂退飛過宋都
仲舒以為象宋襄公欲行伯道將自敗之戒也石陰類五陽數

自上而隕此金而陽行欲高反下也不与金同類色以白為主近白祥也鴟水鳥六陰數退飛欲進反退也其色青〻祥也屬於貌之不恭天戒若曰德薄國小而持炕陽欲長諸侯与彊大爭必受其害襄公不寤明年齊桓死伐齊喪執滕子圍曹為盂之會与楚爭盟卒為所執後得反國不悔過自責復會諸侯伐鄭与楚戰于泓〻軍敗身傷為諸侯笑　子政說同

按屬貌之不恭曰祥青祥皆子政說

右廣川以羊災異說共　條雖不免傅會存之足以畏天保命世以言災異為陰陽家可云昧於古義耳

初六日小雨時作時止

西岸留漫口水退突象已成

春秋魯十二公僖稱賢君奚斯作頌列於三百篇並其人最為可鄙齊強則親齊楚強則親楚晉強則親晉泮水篇所謂淮夷攸服乃據齊之功以為功居常與許復周公之宇亦齊桓反其侵地耳戎狄是膺荊舒是懲即云追姜閔公而南事率從政明指僖公言試問召陵之會果僖公力乎非僖公力乎厥後假楚師以伐齊取穀尤為背德君子讀木瓜永好之篇而歎之魯之誣浮實不如衛之國報者為近實也

公羊僖八年秋七月禘于太廟用致夫人傳夫人何以不稱姜氏貶曷為貶譏以妾為妻也其言以妾為妻奈何蓋脅于齊媵女之先至者也二十年西宮災董仲舒以為釐公娶於楚而齊媵之脅使立為夫人故有此應十年大雨雹亦以為言何休注同案僖公目桓得立三年陽穀之會有百無以妾為妻之誓四年召陵伐楚六年楚人圍許諸侯遂救許僖無役不從安得有遠聘楚女為嫡之理公羊大師墨守而不明時勢殊可惜也假使僖果娶楚女則楚必仇魯其以僖又寵媵楚心何也

初七日晴

朱祥來敔里新居之因雨大牆圮

初八日晴

伯平來談時由保定回津即擬復任

葉夢得避暑錄話叔祖温叟與子瞻議論每不相下元祐末子瞻守杭州公為轉運使浙西適大水子瞻銳於賑濟且以杭人樂其政陰欲厚之公每持之不下即親行部一皆閱實更為條畫上聞朝廷主公議觀此而知葉氏之為小人也夫蘇公賑濟七州四狀與抵潤州致林希論烖傷書卓然仁人之言此豈欲陰行其德市惠沽名者而温叟敢於如此是固忌子瞻而困杭民可云陰狠矣公去官由湖入蘇目覩水灾民生乏食而奏準之錢一百萬貫糴米平糶以代賑者數運

同格旨不行復為疏爭之夢得所云持之不下者即此事也雖温公又授

撓於前夢得粉飾於後試問天下後世以蘇公為賢乎以葉氏祖孫

為賢乎夫天下之酷吏拘文牽義而入吾民於溝壑者皆此闇

實之一說誤之也故遇有水旱偏災良有司思之振撫与其

慎重而後不如迅速而濫之之患多費國不以多費此緩之

患多斃民則以多斃死

初九日雨

作書上高陽師論水災

呂氏春秋不二篇孫臏楚人為齊臣作謀八十九篇權之類也吳伯子

云史漢皆以孫臏為齊人此當別有據余業以孫武子即伍子胥之稿證也子胥之子在齊為王孫氏後遂聯之為孫史漢以臏為齊人高誘以為楚人原其故而言之

初十日雨

伯平來談

孟子弟子趙邠卿注弟子十五人樂正子、公孫丑、陳臻、公都子、充虞、季孫子叔、高子、徐辟、咸丘蒙、陳代、彭更、萬章、屋廬子、桃應、與學於孟子者四人孟仲子、告子、滕更、盆成括漢書人物表見五人則公孫丑、萬章告子、樂正子、高子也宋政和五年從祀孟廟視趙注無盆成括為十八人詳宋史禮志某某孟子弟子考同趙注張九齕牽言於唾截孟子十七弟子稱言季孫子叔滕更以孟成括而益以孟季子周霄經義考亦去季孫子叔而謂告子與浩生不實為兩人因去告子而列浩生不害焦氏正義引周廣業說謂季孫子叔為成括均不必取

佩綸案呂氏春秋高誘注不應爾匡章孟子弟子也淮南氾論訓高誘注陳仲子齊人孟子弟子居於陵趙注匡章齊人也陳仲子一介之士窮不苟求者焦氏正義以誘注無所出不足取案呂氏春秋誘自序誘正孟子章句作淮南孝經解畢家有此書故復依先師舊訓輒乃為之解者覽解復依師訓則孟子章句亦依師訓也誘為盧侍中高弟其說正足補趙氏不及焦氏墨守一家未為

通論也

十一日晴

得八弟書復〻之意甚感謂

焦氏孟子正義云漢儒徵引孟子者如荀卿韓嬰董仲舒劉向

揚雄王充班固張衡鄭康成許慎何休等皆所為推衍而說

之漢文立孟子博士授受惜不可考河間獻王所得先秦舊本

不詳得自何人東觀漢記言章帝以孟子賜黃香〻能傳之讀

之与否不可知劉陶復孟軻所以復者不傳惟後漢書程曾字

秀升豫章南昌人作孟子章句建初三年舉孝廉在趙氏前

高誘自言正章句在趙氏後隋志漢有鄭康成孟子注劉熙孟子注鄭本傳不言著孟子劉亦在趙後余業毛傳引孟子解詩史記五帝紀引辟丹朱於南河之南及象欲殺舜趙氏以孟子長於詩書本此而並氏遺之何也

十二日晴

晴朗可恃斯民稍得小休矣是日 田太淑人忌日也

巧言篇君子屢盟亂是用長君子信盜亂是用暴盜言孔甘亂是用餤毛傳盜逃也箋云盜謂小人也春秋傳曰賤者窮諸盜按此盜字如申無宇所指之盜凡竊柄之權奸盜國之佞賊皆謂之盜

幽王之世如申侯在外皇父在內皆盜也詩人以屢盟與信盜並言深切著明世之情盟為國用盜為臣者可以悟矣盟可尋亦可寒竊國者並其仁義竊之悚哉言乎勿隨口讀書也

十三日晴

得八弟書以久不得余書相念之情溢於言表殆途中寄書偶滯耳並不覺離懷悵觸矣

中庸一篇宋儒由戴記取出列之於大學後論語前 國朝諸儒頗有議之者按正義引鄭目錄云名曰中庸者以其記中和之為用也庸用也孔子之孫子思伋作之以昭明聖祖之德此於別錄屬通論夫孟

子受業子思之門人並在漢文時已立博士況子思親為聖孫下開
鄒嶧自應登堂附於曾論之後孟子之前以明道脈中壘以來
定為子思之作較大學之述於曾子更為明確觀康成所注尤能發
揮說明聖德之意篇中引詩說神不一而足所論舜文武周皆尚書
百篇也鄭更於前知節引易曰君子積小以高大於三重節引易曰故
知鬼神之情狀與天地相似已明中庸用中即大易立中之蘊於祖述
堯舜憲章文武上律天時下襲水土注曰此以春秋之義說孔子之
德孔子曰吾志在春秋行在孝經二經固足以明之孔子所述堯舜之
道而制春秋而斷以文王武王之法度春秋傳曰君子曷為為春秋

撥亂世反諸正莫近諸春秋其諸君子樂道堯舜之道歟末不亦樂乎堯舜之知君子也又曰是子也繼文王之體守文王之法度文王之法無求而求故譏之也又曰王者孰謂謂文王也此孔子兼包堯舜文武之盛德而著之春秋以俟後聖者也律述也述天時謂編年四時具也襲因也因水土謂記諸夏之異山川之異聖人制作其德配天地如此唯孟始可以當焉又大經謂六藝而指春秋也大本孝經也其言精切如此於孔子繼往開來之緒言之歷之六經殊塗同歸萬世率由有準較朱注說精微而不專指聖德者似更有見也

荀子非十二子篇略法先王而不知其統猶然而材劇志大聞見雜

博案往舊造說謂之五行甚僻違而無類幽隱而無說閉約而無解案飾其辭而祇敬之曰此真先君子之言也子思唱之孟軻和之世俗之溝猶瞀儒嚾嚾然不知其所非也遂受而傳之以為仲尼子游為茲厚於後世是則子思孟軻之罪人也其肆意醜詆何損思孟不過欲自居於孔門嫡派不得不先毀之耳孫卿能攘儒家之正統而烜耀於世耳試讀中庸一篇已與荀說相反也

十四日晴

得吳清卿誼卿及陸世兄書知已為陸養泉薦一館歲百

四十四金以五元為脩脯使從師讀可感〻〻

十五日晴

午後過伯平談

潛研堂文集禮記出於漢儒而後世尊之為經與易書詩春秋列而為五以其中多聖人之微言七十子之徒所述也沈休文云中庸表記坊記緇衣皆取子思子累記取公孫尼子休文去古未遠其說當有所自宋儒以中庸出子思氏特表章之而不知表記坊記緇衣三篇亦子思氏之言也或謂緇衣公孫尼子作按釋文引劉瓛說按文選注引子思子曰民以君為心君以民為體又引子思子詩云昔吾有先正

其言明且清今其文皆在緇衣篇則休文之說信矣坊記一篇引春秋者三引論語者一春秋孔子所作不應孔子自引而論語乃孔子沒後諸弟子所記錄更非孔子所及見然則篇中云子言之子曰者即子思子之言未必皆仲尼之言也仲尼已往七十子之徒惟子思子獨得其傳漢志有子思二十三篇唐宋之世尚存七卷今已遺不可得獨此數篇附禮記以傳而其詞醇其旨與論語相表裏此固百世而下有志於聖賢之學者所宜講求而體驗者於子思之學出於曾子曾子書亦不傳而其十篇猶見於大戴記小戴記有曾子問篇檀弓雜記祭義內則祭統大學諸篇俱引曾

子說曾子子思之微言所以不終墜者實賴漢儒會粹之力後之人詆諆漢儒摘其小失屏斥之得魚兔而忘筌蹏其亦弗思甚矣 潛研集

十六日晴

十七日晴 張筱颿有書來託病居武昌

渠山由運河北上至德州適遇小輪遂單舸先發侵晨到津合肥留之午飯余與渠公七年不見矣交道無間可以爲隙末凶終者砭晚渠山遷吳楚公所復夜話至三鼓而睡

十八日晴

過栗山夜談

十九日晴晚大雨　見栗山之子元桐五歲矣　得高陽沃書

夜與合肥指栗山飲正甚煩鬱急雨滌暑炎歊都解

雨僅在署左右灤七里之宋竹林即無雨也

二十日晴　晨猶雨

栗山行閱閱看久之

二十一日晴

二十二日晴

得九弟書

二十三日晴夜雨

伯平來辭行胡雲楣來談復几弟書

晉書載記諸營既多故歸姚萇軍為大營大營之歸自此

始也

二十四日晴

二十五日晴得安圃桂林第一書即附數行寄都下

往送伯平

二十六日晴

廿七日萬壽節

二十七日晴

管子有楊忱序常熟瞿氏校以序中大宋甲申定為孝宗隆興甲申案王荊公有楊忱墓誌忱字明叔官至朝奉郎行大理寺丞通判河中府事以嘉祐七年四月辛巳卒於河南年三十九嘉祐七年為壬寅上溯之慶曆二年為甲申明叔父偕宋史有傳末云子忱慥均有雋才早卒明叔為丁文簡公度之婿文簡有管子要略五篇見玉海及宋史藝文志序為明叔所作無疑

高若訥字敏之本并州榆次人徙家衛州獨學善記自秦漢

以來諸傳記無不該通尤耆申韓管子之書頗明厤學自毋
病遂兼通醫書雖國醫皆屈伏據東都事略則謂若訥
泥古方治病多不效脫脫修史殆采其表語耳如高敵之
豈知耆管子者亦不過泥古方而已 事略亦云耆申韓管子

二十八日晴夜雷雨一陣

得廉生再同書又得吳慎生一緘寄宣威霞石窩桃

二十九日晴

于晦若之弟穆若就伯平聘自都來託寄伯平一函

吳正儀作事類賦人知之其好篆籀取說文有字義者千八百

餘條探說文五義二卷無知之者矣

三十日晴

寄八弟書

張文潛誨人作文以理為主

子美放廢寓於吳中韓維責以去離都下隔絕親交子美復書曰予於持國外兄弟也急難不相救又於未安寧之時欲以義相琢刻雖古人所不能受余寄迹吳閶亦頗有勸余展都者讀子美書等不入耳之談來相勸勉大率如斯耳

七月初一日晴

幽后傳彭城公主年少寡居后同母弟北平公夙后亦將於孝文孝文許之公主志不願后欲強之婚有日矣公主密与侍婢及僮從十餘人乘輕車冒霖雨赴懸瓠奉謁孝文自陳本意因發后与高菩薩亂狀公主屢為外戚竊伺盛色可想彼猶從國節亦不皆婦人也

魏書張彝傳時陳留公主寡居彝願尚主主亦許之僕射高肇亦望尚主主意不可肇怒譖彝因致偏廢王肅傳詔肅尚陳留長公主本劉昶子婦彭城公主也肇固狡橫彝亦鄙甚魏制則無足怪也肇後尚世宗姑高平公主

初二日陰有雨數陣

邵補堂來

自典午以來無終陽氏為望族北魏陽尼字景文免官曰吾昔未仕不曾羨人今日失官与本何異可謂曠識妻高氏渤海人學識有文翰孝文敕令入侍後宮幽后表啓悉其辭也尼作一字釋未成

高氏所作表程幽石紀佃趣皆已亡北史亦不載余時閨房倡和之樂惜乎不傳故余還鄉絕句中有一絕詠之曰老去漁陽豈羨官閨中學侶擅文翰魏宮儲具和袁德便作班昭一例看今老矣思此詩殆爲今日讖兆也

初三日晴

復方銘山書銘山寄潮州扇夏布及食物來也

初四日晴

昨夜作寄安姪第二書交文報局寄桂林

北齊宋顯傳顯從祖弟繪少勤學多所博覽好撰述魏時

張湎晉書未入國繪依准裴松之注國志體注王隱及中興書
又撰中朝多士傳十卷姓系譜錄五十篇以諸家年歷不同多有
紕繆乃刊正與因年譜錄未成而晉五年並遭水漂失此晉書作注之張
厄於水惜哉

初五日晴

昨得高陽書欲拉余入都後以不能如約棄後漢蘇不韋傳漢
法免罪能守令自非詔徵不得妄到京師思之甚有至理萬人如
海一身藏究是甲官非庶人也

初六日晴

家忌

初七日晴

復吳清卿兄弟書

初八日晴

得八弟書馬植軒觀察來時運糧至澤復高潞緘

初九日晴

連日擬琴生墓志心緒甚劣久之始成

初十日晴

買得唐文粹及文粹補遺略一繙閱

十一日晴夜大雨

敬信汪鳴鑾赴吉林察獄以水政繞道至津杭海回例呈使不拜客渦居以合肥重臣特修私覿之敬柳門復過余少談辭之不可余不答也廿年交好脫略形骸耳

十二日雨午後始霽暑氣斂矣

寄樂山復書

十三日晴

十四日晴

十五日晴

作蘭軒館記

十六日晴

十七日晴

得高陽復書

十八日晴天復炎蒸

合肥集賢課以論語一貫解命題何旦兩本一貫無解既者均以阮文達解為主引爾雅貫事也貫為也以中庸所以行之者一也子貢一言終身行之為忠恕於道此仍是時文作法耳說文王董仲舒曰古之造文者三畫而連其中謂之王三

者天地人也而參通之者王也孔子曰一貫三為王論語之一貫即一貫三也故曰通天地人之謂儒 繁露王道通三篇可取以暢發此義

繁露王道通三篇古之造文者三畫而連其中謂之王三畫者天地與人也而連其中者通其道也取天地與人之中以為貫而參通之非王者孰能當是又云天有喜怒哀樂之數與清煖寒暑其實一貫也

隋陽休之正月七日登高侍宴詩廣殿麗年輝上林起春色風生拂雕輦雲迴浮綺翼 御覽三十

陶詩乃休之所輯 吾鄉人宜讀陶詩也

十九日晴夜雷雨

興菊耦手談甚樂

二十日晴

西河謂漢唐業有以大學中庸并論孟為小經者大為謝山所誚此真自造故實也

二十一日晴

新吾自都來得高陽書以六千金助直振

二十二日晴

以六千金交芸楣

二十三日晴

閨人小病復高陽書及振局收條一帋

二十四日晴

買得邢子愿來禽館集廿九卷四庫提要謂其文近於灑詩和平雅秀骨幹未堅在別集存目中閱之文多應酬之作其雜俎內有墨談數則謂鄉人孟中丞嘗得一挺乃滎陽先生款又姻家尹將軍得元時一丸無款識絲絲起髮理太樸中藏含光燄而以方于魯墨專以色澤規橅取勝磨之有香氣無墨氣適日方墨之價如金惜不一致子愿集也余欲令寫官錄一副本以遺

安圃

二十五日晴 伯行使日本竹篔賀使俄德

史通書志篇古之所志謂我有何力而班漢定其流別編為藝文志續漢已還祖述不暇愚謂凡撰志者宜除此篇必不能去當變其體近者宋孝王關東風俗傳亦有墳籍志其所錄皆鄴下文儒之士讎校之司所列書名唯取當時撰者習茲楷則庶免譏嫌語曰雖有絲麻無棄菅蒯於宋生得之矣

余謂藝文志亦何可去自秦燔書以後漢除挾書之禁置寫書之官及成帝命陳農求遺書向歆奏七略為西漢一大政使不志

之古籍、益無可致矣志之病有二一在於七略外增入雄向諸書使是以意亂七略一在漏略如賈誼有左氏箋詁竟見儒林傳而志無之古文尚書之類言之亦不明了耳予元論史專務簡括近人補史藝文多從其說而於古書存亡及官庫校錄之迹一不留意亦何取乎、補志耶

全謝山有與杭堇浦論金史五帖移明史館六帖當高付堤移明史館及辛楣先生論金元史者並錄

褚登善於永徽元年以抑買中書譯語人地左遷同州刺史四年仍入中書宜其不足取重於、高宗矣小節烏可不慎

二十六日晴

梁書文學傳昭伯又彤集衆家晉書注干寶晉紀為四十卷北史同

昔不傳矣

二十七日晴

梁書張緬傳尤明後漢及晉代衆家客有執卷質緬者隨問便對略無遺失抄後漢晉書衆家異同為後漢紀四十卷晉抄三十卷又蕭子雲傳以晉代竟無全書弱冠便留心撰著至年二十六書成表奏之詔付秘閣所著晉書一百一十卷子雲著晉史至二王列傳欲作論草隸法言不盡意遂不能成

累積論飛白一勢而已其後羲之傳論乃太宗御撰殆欲遠與鍾繇爭勝也

二十八日晴

新吾行新吾收藏頗富絳帖頗多人六謙雅九弟得者可續秘笈

書來嚴戒之

千字文相傳是周興嗣作梁書蕭子範傳南平王使作千字文其辭甚美王命記室蔡薳注釋之隋書經籍志千字文蕭子雲注日知錄已疑之矣周興嗣傳又云次韻王羲之書千字使興嗣為文是梁有兩千字文也

二十九日晴 閱卷三百畢明日交去

得八弟書

買東村集十卷提要存目國朝李呈祥撰呈祥字其旋一字吉津
號木齋霑化人前明崇禎癸未進士改庶吉士入國朝官至詹事府
少詹事是編詩文各五卷詩分十集曰郎中稟使程自刪木齋詩
稿游中山草唐城草秋尋草南游詩紀行詩秋游詩東村詩
集前各有小序查慎行序稱其與李攀龍王士禎前後鼎足
今觀所作慎行非定評也按孫光祀少詹墓志順治辛卯詔求
直言君具辯明滿漢一體疏其特疏劾之下法司具重讞以上

晉諸公贊子配城陽太守裴秀贊見皆配以清氣類如斯宜乎附於司馬也

章廟惻並改謫從戍京庚于釋回提要略之疏矣初日作序第自其子之請本非定論纂輯諸臣特一摘其序言殆未細觀其詩也

八月初一日晴

郭淮之妻王淩之妹也乃王淩之謀淮既不預後追妻乞宥終無與仲達猜忌之心史稱其方策精詳吾謂其不忠不義也假使淮感武文明三朝之遇使當義軍特起為曹爽王淩復仇捷則謀司馬以安曹不則結伯約以助蜀乃甘心為仲達虜何旅強年已垂暮志氣不振抑仲達真有牢籠之術耶

初二日晴

左足右手均以雷氣震盪之

初三日晴

四庫提要於宋人之詩編次家無序如呂元鈞淨德集乃列於歐陽文忠之前邵子雍擊壤集至周元公集乃不相次而文潞公乃在范太史後何也

初四日陰

晚樊雲門至津送來香濤書及端溪研欽州砂壺

初五日陰有風作寒

雲門來午後周子玉觀察懋琦偕雲門至顧廷一過談

初六日晴

畬雲門午飯邀晦若陪之談至夜送之登舟

初七日晴

周子玉來午後答陸壽峯（新到幕賓名恩長棋品受四子）

初八日晴

子晉來瑞（方伯璋）見過目恭邸寄贈一聯也午後答之

初九日晴

石林燕語今天下書以杭州為上蜀本次之福建最下福建本幾徧天下以其易成故也余謂豈唯書然今福建學生幾徧天下皆

敢為大言居之不疑以禍天下者必此類耳

初十日晴秋分

夜作箋于地貞啟證序王南陔先生紹蘭所著先生所著經說

伯寅司空刻之更擬刻其說文段注訂補復刻是編過偽繁

冗序中亦不能迴護也

十一日晴

淨掃几塵焚香煮茗始有意治荊公詩荊公古詩似韓此不

待論其七律姬傳以為歐公學韓於七律不甚留意荊公留

意矣然亦未越殊妙所選止五首今特從七律入手以證姬

傳之說信否

石林詩話云荊公詩用法甚嚴尤精於對偶嘗云用漢人語當以漢人語對若參以異代語便不相類如一水護田將綠遶兩山排闥送青來護田排闥皆漢人語也此法惟公用之不覺拘窘

酬朱昌叔詩先云名譽子真矜谷口事功新息困壺頭後改作末愛京師傳谷口但知鄉里勝壺頭今卻以原作為第五首改作為第一首淚半山推敲之苦心矣然於此可悟律詩推鍊之法其中有不必改者有必須累改而始佳者在〻此〻時領息之耳

十二日晴

文芸閣編修來見廷式乙卯世姪梅若至交也合肥師稱其有志

趨午後答之不值

十三日晴

復八弟及宗載之書復過梅若與芸閣談

十四日晴

廷一來午後陳仲勉叔毅徵宇來夜至錢橋下答之寄伯

潛書

十五日陰夜雨

作懷伯潛一律並與仲勉昆弟話舊亦成一詩

十六日陰雨午後展齋

與文芸閣談甚暢

十七日晴

十八日晴

十九日晴

二十日晴

二十一日晴

復孝達書

二十二日晴

二十三日晴 高陽之二公子焜瀛初二完姻作書賀之

二十四日晴

張樸居文来時降级調用奉委運奉天振糧知蘭軒

師於今年八月一日下葬

二十五日晴

雲明送到關陝中集及孝達少作各一卷

二十六日晴

二十七日晴

答樸居過雲舫

二十八日陰微雨

寄八弟書

二十九日陰

得安圃七月十九日書

三十日晴

寄九弟書

夜半得高陽書廣西恩恩府劉恩潛捐銀六千河南陝

州趙希曾捐銀二千助振高陽亦以一千足之

九月初一日晴

復高陽書　款文振函

初二日陰

寄仲潛書　晚得其復電知病已愈仲勉等已瘳矣

初三日雨

夜得都電九言生一子 初三丑刻

初四日晴

出吊王雪舫嫂氏之喪

初五日晴

初六日晴

初七日晴

得宗戴之書八弟書胡雲楣來知皞民到津

初八日晴

皞民來午後答之

初九日晴

得何子峨書知方鎮山下世爲之愴然子峨病未愈而生一子

初十日晴

雲楣來

十一日晴

十二日晴

孫荼孫自豐潤田晚得安姪電音

十三日陰

皞民來談

孔子世家魯亂孔子適齊爲高昭子家臣欲以通乎景公

史記志疑景吏部曰欲通齊景不恥家臣孔子而如是乎

且據史說景公與晏嬰適魯既有秦繆之對而景公悅

矣何必自辱爲家臣以求通也余謂梁氏取景說甯貫不異

讀史者孔子之齊為魯亂耳且為家臣以求通景公為納昭公計也先是景公雖有秦繆之明而畏國小臣貪卒不能自通故藉高氏通之國高為天子二守齊之世卿為之家臣未足云辱且魯之無君而周室未定力不能討孔子世食魯祿請命方伯意在誅季復昭降志辱身正儒者事豈凡情所能測哉觀景公問政夫子對以君君臣臣父父子子此萬古不易之經正所以兼及魯昭之變孔傳以為指陳恒朱注以為兼儆嗣不定不知聖人之意實望景公之定魯也夫慶父之亂高子實來公羊傳魯人至今以為美談使景償

桓動高承家法南陽之甲再興季國可誅公國可復此聖人尽居德之之旨也後人不明此意妄為之論其亦未明聖人之意矣

十四日晴

同雯楣招曎民永詩于俊飲

十五日晴

得樂山書

十六日晴

海門邢從龔師之子來君學海字雯生貽以四十元曎民逼話送中

舫田都

十七日陰大風雨

永詩約梅若容氏賞菊

十八日晴

程蒲孫太史來見名秉釗蒲孫學問淵雅求見甚切也己卯舉人

本科庶常

十九日晴伯潛三月二十七日一書至今日始到奇甚

朝鮮吊問使侍郎續昌崇禮過津改海道以示體恤彼中請不由

仁川登岸並免郊迎意甚慢也寄樂山書

二十日晴

買得石深詩序意頗欣然夜復安姪書

二十一日晴

派撥船入都迎　叔母眷輯有王殘甫同年彥威原名禹堂以秋

燈課詩圖求題邵之復雲門一幀云近買成詩殘甫交滿海

內亦不願流傳嘆跋也

二十二日晴　閱課卷三十跋

二十三日陰

衛達三來談晚馬植卿軒來贈華鍚八冊画洛神圖一幅

畫不佳姑留之

二十四日晴

許竹篔前輩復充俄德使臣過此來齋中略談

二十五日晴

得安圃第六書

二十六日晴

答竹篔於舟中

二十七日陰雨大風漸寒

閱卷跋夜得樂山書

二十八日晴

以一聯挽銘山並幛寄潮 聯云終日力戰安知人籍伍符罰重法明 誰許馮唐閒處對 眇亦重圍償
以壺鐕瓶甀功深疑淺可堪浙督筆端搖

復子峨書夜永詩來

二十九日晴

寄九弟書

蘭駢館日記 光緒庚寅

十月初一日晴

得樊雲門書並其詩集過晦若少坐作書問再同疾

初二日晴

三兄暨姪孫允言奉叔母靈蹂葬初一已由陳家溝東叢

辰初由輪車行午正至胥莊則舟尚未至也留蔡孫森河

干候之而余先還坨料理葬事薄暮抵里

初三日晴

靈蹂晨至胥莊河次午後抵里暫奉於舊居之廳中與

三兄及從孫夜話

初四日晴

晨起至　各塋行禮畢遂至珊瑝祟

初五日晴夜大風

與族人聚談今年歲事告歉陸例不肯報災族人近又失業

禦冬卒歲之計蓋不能備者十之五六也為之惻然者久之

初六日陰微雨薄莫展霽

董佟谷秦諸家均至閘張家莊張封翁如柏尚存年九十八矣

子玠進士河南知縣孫其紳曾孫鳳翰同舉人親見五代公矣此

熙朝人瑞也

初七日晴

以銀六十兩散給六門極貧者長門族兄正佩縛二門族叔鳳翔

本門族兄佩績六門族叔璧九門族叔文會十門族叔埴弟佩絲

同之

借谷霖蒼先生家譜為脩譜之式谷錫霖蒼十三世孫也

初八日晴

巳刻葬叔母董太淑人於東塋

初九日陰夜月色甚佳

備羊一豕一僞三兄率允言恭詣 始祖塋以次行禮余上六門編

閱候之適趁墟者雜遝於衢頗形豐盛

初十日陰

午刻由里至胥莊允言隨行三兄由里取道玉田以踈

十一日晴

五鼓乘火輪車至唐沽允言過其婦翁拏舟去余獨赴津

十二日晴

伯行出使日本過此略話

十三日晴

得伯平書伯行南旋檢舊藏山谷書數種玩之聊以悅目姚際恆好古堂書畫記近世有名陝搨以宋本為佳並考古之家皆有驗法懷仁聖教序以首行晉字不斷為驗歐泉銘以光、武光字、補鑿痕為驗後來搨又補鑿痕隱矣坐位稿以郭有州對四字清楚者為驗智永千文以後有姪方綱摹四字為驗後搨者無矣初得智永千文一本周尚錫所藏周目記有此四字驗是宋搨以二十緡得之其後復得一本末又有李壽永壽明刊六字一行此則生平僅見

十四日晴

周子玉葉子晉均來

十五日晴

胡雲楣碩暤民劉獻夫均來

十六日晴

九言自大沽來寄安圃第六書渠山書來

十七日晴晨起微霰旋止

九言回都後高陽一殘過仲彭齋中小坐

十八日晴

九弟遣楊順來寄細果糕點午後至暤民處閑話

秋坪時守饒州

宋史本傳庭堅楷法妍媚自成一家游荊州得石本蘭亭愛翫不去手因悟古人用筆意作小楷日進曰他日當有知我者

十九日晴

合肥書蘭軒館榜懸之閣中適得汪秋史所藏蘭亭乃定武肥本有阮文達跋道光甲辰文達年八十一合肥有神龍本乃王秋坪所藏者覃溪先生書神龍蘭亭考於後嘉慶辛酉兩美必合皆禊帖之佳者而南阮北翁二跋於一冊亦佳話也

蘭亭續考楊誠齋跋曾氏本并見元明跋山谷書云山谷謫黔泝峽舟中日日惟把玩石刻一本蓋此記也故末年書法超絕云云予聞五更侵早起更有夜行人願持此向子寄聲山谷

余自趙子固說思由褚探山谷之源今見誠齋說則山谷之源

存王不在褚觀其推服鶴銘所為逸少殊不合蘭亭之徑矣

二十日晴

展翫蘭亭竟日論古齋蕭董滕以書西來售畧一披覽真偽雜糅而價目甚昂

復八弟九弟各一書

二十一日晴

茶孫來

二十二日晴

丹崖編修自籍來庚午優貢丙子舉人庚辰翰林

二十三日晴
八弟書来十一日子刻生一女意甚悶悶當作書廣之
覃谿谷園集有於贍雲寺後拓得石鏡溪字詩一首注云後有
紹聖元年七月辛亥同真淨禪師熟茗此石上南昌黃庭堅題
廿四字
二十四日晴
新吾自舅来
二十五日晴
作都書一二函先後得伯諧清卿書

二十六日陰連日霧氣瀰漫似晴似雨作雪不成

晦若生日來余齋遊覽以明季國初人卷頁及新舊蘭亭數種同玩極相悅也薄暮張子純來一見之客去後忽覺疲弱不支飯後嗽沸即枕後胃氣鬱勃起于腹中上振頭門下竄腰際五夜不能合目忽起靜坐始稍斂攝終不得半晌眠也

二十七日晴

病延醫視之投以疏散之品不效合肥勸用金雞霜遂服之余自知病狀已久而發之猛非中醫所能治也耳疫氣方熾傳箭長智非速攻不可午後壯熱時作讝語困

甚得再同書知病有轉機未大愈有赭石所誤

二十八日晴

仍服前藥午後斷倦入夜遺矣而熱漸退矣

二十九日晴陰不定

熱退病清

三十日晴

前數日聞視哀毀者晦若仲彭永詩而合肥每日必

請醫兩次正是外間客來恐煩乃移入內靜養

得安圃弟八書

夜夢編閱名人書畫得一幅波浪掀天一舟由上游急下作收帆之狀余於夢中吟其題曰內人推余醒但記末二句矣因足成之醒詩究不如夢語也

一葉偏舟一粟身風帆到處易迷津能從急流灘頭轉便是清涼界裏人

十一月初一日晴

初二日晴陰相間

初三日陰

復安圃書

初四日陰

初五日陰

聞都中疫氣亦盛潘伯寅師病五日而卒子授文亦病亟也

子涵書來子清之子同官死軍械所總辦張席珍亦感寒

中厥陰而殁

後聞浙吉同官未死蓋子清之妾毛氏從逃一晝紿子涵也子清有此悍妾貽患無窮 辛卯七月補記

初六日晴

晨至管廨小坐延永詩略話屬比鶴巢書商師席

祁世長補工尚孫家鼐擢總憲徐郙轉吏右祁右則錢應

溥也

初七日晴。始薙髮。
孫子授病卒，迴憶乙亥大考十六年耳，人生真一夢也。
初八日陰。再同來索耆獻類徵取一部，文廬爲寄之卅一帙，不能詳也。
睩民來談。
初九日陰。
病後強將課卷閱竣，交院頗疲累也。
初十日晴。
偶閱庚子山集，復八弟書。
十一日陰。冬至。

勉力評兩先史論不能改也

十二日晴夜有風全無雪意

仲約得禮部右侍郎稍慰遲暮之感

十三日晴

前假張巽之房梁公碑頗佳趙子固石墨鐫華云存六百餘字此則更漫漶矣然近日不易得也

十四日陰

黃建笎周歷侍朝來半月中飯少睡早精神疲之異常

十五日晴

頭痛作一詩与碩皋民謝其日本布

十六日風晨細雨一陣

晦若責余詩並索及夕十番之旋以日本矮箋相報復用前韻

答之

十七日晴

爽秋寄補編詩八卷來

十八日晴

皋民來談並和余詩過示詩少坐

十九日晴

于艸堂石影

麥信堅電來言醇邸病重

察哈爾部復至都統加公費三千兩副都統加六百兩均如

直督原請之數晨起作米山書並為伯定潤若

二十日晴

紫振邦由都回詢醇邸之病狀懸懾不省人事殊可憂也

二十一日晴

麥信堅電來二十日

上奏

慈聖至邸午正回宮是夜丑初醇邸薨

得王廉生書因作書致伯平
二十二日晴曝氏來談因作鶴巢書
日閱課卷十餘本疲甚論古自都送蘭亭一本稱是定武
瘦本玩之乃上黨之舊拓本耳索價至二百金矣又有一
冊乃單谿先生自書蘭亭跋共七則廿八頁以二十金留之
二十三日陰
醇邸謚曰賢雙擬寫定稱曰皇帝本生考立廟邸第
上縞素十一日穿素於北海畫舫齋至邸偶素船掛黃橋至
適園易服踈亦如之御前樞臣師傅會銜郵稿也

得高陽廿日書又復鶴巢書
二十四日陰
課養疏過永詩晦若少談
二十五日晴
復高陽書
二十六日晴
閱苕谿漁隱叢話
二十七日晴夜大風
鳧民來談

二十八日風止

花農來知子晉甚病獻夫來長談午後有帖估携聖教來

亦佳冊所拓乃慧忠秋谷所藏有鐵梅菴王惕夫二跋惜索

價過昂聖慈勝處皆補何以勘崇字小横系字複脈皆不明留半日歸之

太平御覽二百九十三引郡國志幽州無終縣西平城即李廣射石

虎之處

二十九日晴

讀太白詩王琦注也塞上讀太白詩頗有悟入處惜録而中輟日

來復理故業覽諸家評賞其識判指摘者固屬吹毛求疵

稱許者亦屬隔靴搔癢也語曰有酒學佛無酒學仙余學蘇

不學其學佛處學李不學其學仙處自謂取逕稍異恒流未

識世之能諒者許我否得棠山書壽雲帆來談請咨引見

十二月初一日晴夜大風如虎

復棠山書

初二日晴風未已

聞棠垂晉病沒惻甚作書致安姪潘子靜來過晦若少談

初三日黃沙蔽天午後略止飛雪數片而已

至營於林局子晉隸而歸民來談

初四日陰霾竟日

召陳工部澤霖来書靖臣過話

初五日陰

午後聞于壽文於初四辰刻殁於鄂藩任所殊堪痛惜

夜電慰再同時方病也悲不能支桂星奔

初六日晴

寄安圃書

初七日晴

午後過驛民約雪楣来談

初八日晴

得冉阁書乃初二日所發尚未知壽文之病也夜得鄂電知壽文因種梅感寒初三猶詣撫院初四詣首府有所商榷忽頭暈腹痛更衣坐脫無所苦也

初九日晴大風

得九弟書作數紙復之詩極婉摯可作家誡得先袁夫

頌寄贊蒼之

初十日晴午刻風止

寄冉阁書並悼無可慰藉勸其養疾而已

十一日晴

檢點書帙几案頗清欲稍理故業而未得暇也夜稍靜

閱太白詩數首

十二日晴

得雲豁書即復之

尒雅釋草眾秫郭注不解眾字邵郝兩家亦釋秫眾千百

言而於眾字不一及余甚疑之尒雅所釋必經文有之而五經

中無以眾為穀者偶讀斯干眾維魚矣實維豐年而悅並

也傳曰陰陽和則魚眾多矣箋云魚者庶人之所以養也今人

眾相與捕魚則是歲熟相供養之祥也易中孚卦曰豚魚吉按如
傳箋所解意殊迂曲疑眾魚與旐旟對文眾當作眾秫之眾鮮
如眾秫之茂如水中之魚之多則年豐矣似直捷而明白也哉
魚乃穌字說文穌杷取禾若也所種之禾已可杷取禾若自是豐
年之兆亦通
十三日晴大風揚沙天日俱晦夜月色皎然
而以正五九不上官為唐忌閱通鑑齊高洋將以仲夏受禪或
曰五月不可入官犯之終於其位宋景業曰王為天子無復下期
豈得不終於其位乎胡身之注陰陽家之說上官忌正月五月

九月則由來久矣

十四日午後晝晦風霾竟夕

午後秉燭讀漢書一卷

十五日晴

碩餘氏來談

閱通鑑三五頁又檢鮚埼亭集揅經室集無所得

十六日晴

得都書附安姪一緘

魏高堂隆傳評曰隆學業脩明志在匡君因變陳戒發於懇

誠忠矣哉及至必改正朔俾魏祖虞所謂意過其通者歟余
按隆於百役繁興累疏切諫可謂難矣而封禪之議創自蔣濟
隆擬撰其禮儀何也

十七日晴

寄王廉生書

漢書文紀貴斷獄數百幾致刑措烏虖仁哉及觀刑法志高后
元年除三族罪至孝文時新垣平謀為逆復行三族之誅殆為
過刑論漢世遂不能除宜史遷有文帝指刑名之語也復從
鼂錯之言令民入粟邊六百石爵上造稍增至四千石為五大夫

萬二千石為大鹿長漸令入栗鄉縣遂開賣官鬻爵之弊流毒

萬世誰謂孝文賢主哉

十八日晴

十九日晴午後陰

曝民昨來辭行入都寄復柳門書以潁州酒五大瓮東坡酒及中

山杉子蘋婆果甲橙橘送海南春為文忠作生日內人藏陸

非平張正甫寄前後赤壁兩圖文三橋書賦相贈展玩久之

二十日微雪

晦若來談額稅如升粵泉胡蘄生得滑尹得八弟及戴三書

二十一日晴

王獅臣鮮館劉瀫夫來談午後過晦若容氏略話得樂山書

二十二日晴

作書辭集賢席明年思作汗漫游耳復載之書

二十三日陰

樂山遣其紀綱任慶及陸宣來寄惠食物並呢狐馬褂西羊皮袍

簡各一件孝達有電論再因家事電再因並復孝公數語

二十四日陰夜雪

顧裕如來談云次棠前輩之弟子堅幼棠均殁家遭回祿殊可

慘也

夜復渠山書

二十五日雪猶未止

昨得高陽師書寄都中食物數種午後作牋答之並寄食物

數事猶餽歲之禮也

二十六日晴

獻夫芸楣來談伯平自大名至

二十七日晴

伯平來談答裕如獻夫芸楣

二十八日晴

伯平来談得再同復電

二十九日晴

答伯平晚合肥之表弟李子不觀察正業自山東工次来夜

晦若過談

三十日晴

客中又是一年矣胡雲楣来

廉生書来以石淙序工敵登善下開祐陵山谷實從此出積健

為雄卑翁覃谿謂曜不如稷實則稷不如曜余深以其言

為監據舊傳元遜子曜亦以文學知名聖曆中修三教珠英官至正諫大夫新書曜聖曆中附會張易之官正諫大夫宰相世系表西祖房耀字昇華給事中襲汾陰男溫公通鑑誤以薛紹尚太平公主者為曜子按表則紹乃瓘子胡注正其誤矣

通鑑紹母太宗女城陽公主胡身之注據會要城陽先降杜荷荷誅降薛瓘

蘭駢館日記

光緒十七年辛卯正月丙寅朔陰

與光輩論詩薄暮閱山谷詩一卷

初二日晴

過晦若略話伯平來談

初三日晴

理管子注案上所聚皆周秦兩漢之書頗有古意

初四日晴

洽莞子餘暇讀詩盡山谷一卷

國策謂張儀破從為衡趙割河間韓効宜陽魏効河外燕割常山之尾五城齊獻魚鹽之地三百惟楚僅獻雞駭之犀夜光之璧其時屈原諫止之蘇雖不見納然儀固有所畏忌也君子觀於此而歎郢廷之上何可一日無人哉

初五日晴

合肥生日賀客如雲余猶與內人談詩竟夕

僧詩忌蔬筍氣女子之詩亦忌脂粉氣選詩於婦人但存班倢妤悠詩曹大家東征賦玉臺新詠所錄頗多則皆冶詞麗句耳所以選列朝詩者雖例錄閨英卒皆靡々不振所謂綺麗不足珍

也余戊子冬為內人作論閨秀詩十餘絕頗具古今流別試以毛詩及三家合考之則三百篇中婦人之作居多要之當以穆如清風雅人深致為主固不宜晚風殘月作妮妮兒女語亦不必努力作椽有類武夫傖父之習也

初六日晴

寄再同書顏裕如有摺弁入都也

管子曰商賈在朝則貨財上流荀子曰賈精於市不可以為市師此賈千古名言周禮司市以下大夫為之惟禁偽去詐乃用賈民識以賈人之心計以之謀國勢必利競錐刀以之便私勢必廣通賄賂政不得不亦以

籍制鼂錯說上曰今法律賤商人商人已貴富矣尊農夫農夫已貧賤矣語極悚切而其意則在入粟縣官拜爵除罪試問此拜爵者為富商乎為愿農乎試問此除罪者為奸商乎為賤農乎以入粟故粟價踊貴無如商賈之力能積貯倍息以取之農之所利甚微而商之所利甚大閑之所得甚少而商之所得甚多於是向之富商均晉為貴商向之奸商均為豪商則至桑宏羊以賈人子為御史大夫實此言階之厲也核以管商之言則不獨不宜貴其爵列並不宜畀以市權杜漸防微可謂深切著明洞見癥結也或曰中外通商商戰之天下也必操務本抑末之說商人未通外國不益

為中國漏卮乎曰以賢士大夫主之以良善商人輔之必屏奸商以市
鄙之權其漏卮更甚耳有識者當之慨然

初七日晴

康成之學頗厄於晉王韓之易枚氏之書晉為王肅之塌鼓論詩
禮亦多主肅而難鄭其不絕如綫矣而卒不能盡毀則其體
大思精固非小儒所能望也嗟乎何晏之集解出而漢儒論語無
全書杜預之左傳出而賈服舊注無全書范甯之穀梁出而五家
穀梁無全書何劭公之公羊學竟能傳留至今亦云幸矣晉書儒
林傳最無史法范平宋纖傳從取以冠首杜夷止於高行亦列姓名

至開國之始，過江以來，學派異同，儒術升降，茫然不得其緒，殊可惜也。鄭見當劉韓伯傳入之，以明易派，而補顧夸於後（晉揚州刺史，有周易難王輔嗣一卷），校讀傳而取謝沈（撰毛詩十五卷）、孔晁（晉五經博士，為尚書）與敵義閫鄭芋，伊說撰義疏以伍晚出尚書，安更之故。詩則江熙（毛詩二十卷）、孫毓（毛詩異同評，字休朗）、陳統（徐州從事，難孫氏）、楊文（毛詩辨異五卷，異義二卷）。杜預即不能入儒林，當與劉寔敍於傳左氏之後，並著方範毅興、范堅，固宜與孫毓左疏蕞采也。王愆期、高龍、汪濬之公羊，張靖、徐乾之穀梁，不宜見遺（范甯當入與徐邈相次）。郭璞注爾雅，並有毛詩拾遺，不當與葛洪並傳，筆諸方伎。干寶有周官禮及駁難，亦不當與王隱等並傳，而於史家。至於三禮專門以及論禮者

僅僅類二宜擇要存之方與史漢例合惜梁少蕃未能詳審也

初八日晴

伯平辭田大名

晉荀崧傳時方修學校簡省博士置周易王氏尚書鄭氏古文尚書孔氏毛詩鄭氏周官禮記鄭氏春秋左傳杜氏服氏論語孝經鄭氏博士各一人凡九人其儀禮公羊穀梁及鄭易俱省不置崧以為不可請鄭易鄭儀禮公羊穀梁均立博士詔穀梁膚淺不足立博士餘如奏會王敦之難不行此南朝廢鄭易之漸公羊穀梁又不知當立何家史之疏也其時孔傳杜注已立博士而鄭

服並存猶可藉攷漢儒流派奈何漸就湮沒使晚出之古文雜陳之武庫盡攘經生之席哉典午以清談為事於經義本在所略故擯雖劉切言之而當事藉端未聞于國今文遺逸盡者非確之僅博士瓦王駐者可嘆特拈出之為釋經家一慨

葛洪著喪服變除一卷此當與環濟太學博士之要略孔衍廣陵相之凶禮並列禮家不特賀循蔡謨也乃洪傳但言其抄五經史漢餘皆鋪張其得仙之迹正史乃如小說多怪也

初九日陰

偶論明永樂時政事合肥以成祖為高麗妃所生蒲耦云高皇后所

生余曰嘗有攈朱竹垞南京太常寺志跋云海甯談遷孺木館膠
州高閣老宏圖家借故冊府書縱觀因成國榷一部後遺為秦
林雜俎中述孝慈高皇后無子不獨長陵為高麗碽妃所出而懿
文太子及秦晉二王皆李淑妃所生也聞者爭以為駭史局初設皆
實諸總裁前輩總裁謂宜依實錄之舊今觀天啟三年南
京太常志中設高帝后位左生子妃五人右碽妃一人事足以徵信實錄
史臣曲筆不足從也長陵上闕下書及宣諭臣民曰太祖高皇帝
孝慈高皇后嫡子實錄欲掩而迹反露矣是竹垞之意以成
祖為碽妃所產也 志四十卷嘉興沈若霖編

初十日陰

楚國先賢傳孫儁字文英與李元禮俱娶太尉桓焉女時人謂桓叔元兩女俱乘龍言得壻如龍也元禮之門謂之登龍其婦亦謂之乘龍真君子猶龍之喬矣按東漢好以名稱相標榜其稱龍者若荀氏八龍及管甯等龍頭龍腹龍尾之類至武侯臥龍而龍德備矣其餘波若中散亦稱臥龍王濬乃水中龍皆月旦之餘習也桓少君挽鹿車為佳話其後又有孫李乘龍繼之惜少君之父不詳其名不知與桓榮為同宗否耳何桓氏之多佳婿賢女也

十一日晴

得再同復書安圃桂林書

初九日論成祖事更以實錄攷之榆木川崩年六十五當生於元至正二十年庚子時太祖爲吳公之五年其時安得有高麗妃據太常志左列生子妃五人右碽妃一人則碽妃未生子可知且成祖即養於高后不追崇所生然不應列所生於生子妃五人之下其爲野史傳訛無疑要之成祖之爲篡立雖孝子慈孫無從掩蓋不係乎所生之爲嫡爲庶也竹垞知雖建文從亡諸臣之僞而於此猶主之蓋志始終不滿於永樂耳

十三日晴

北史儒林傳南北所為章句互有不同江左則易王輔嗣書孔安國左傳杜元凱河洛左傳服子慎書易則鄭康成詩則並主毛公禮則同遵鄭氏南人約簡得其英華北學深蕪窮其枝葉考終始要會歸殊方同致矣孔沖遠冀州名胄舊書稱其尤明左氏傳鄭氏尚書王氏易乃所定五經正義皆宗南學而背北學即其服習鄭氏尚書之故而並棄之何也其序易正義曰西都則有丁孟京田東都則有荀劉馬鄭大體更相祖述非有絕倫唯魏世王輔嗣之注獨冠古今所以江左諸儒並傳其學河北學者罕能及

之其江南義疏十有餘家皆辭尚虛玄義多浮誕斯乃義涉
於釋氏非為教於孔門既背其本又違於注云云夫去兩京相傳之
正脈而祇守輔嗣老莊說易之旁門乃以虛玄浮誕跡過於南
疏真源濁而欲流潔木枉而求影直矣書之宗孔其壞河朔舊
風者始於二劉焯炫孔疏雖光伯士元並譏實陰祖士元述義而
於鄭氏棄若弁髦尤為反古眹斠左疏詆譏漢儒以為雜取公
羊穀梁以杜專左釋經為甲雖不以劉氏規杜為然實仍勦襲
舊疏一昧為武庫佞友而已然則孔氏實壞北學之門牆絕漢儒
之流派不得以詩禮二疏之善掩其巨謬也

十三日晴

左傳蔡仲改行帥德周公舉之以為己卿士見諸王而命之以蔡杜注為周公臣史記管蔡世家蔡叔度既遷而死其子曰胡胡乃改行率德馴善周公舉胡以為魯卿士魯國治於是周公言於成王復封蔡以奉蔡叔之祀小司馬校尚書元任魯之文又謂伯禽居魯在七年致政之後疑史無所據孔穎達正義亦以史為誤錢官詹史記攷異梁曜北史記志疑已糾正之無論史記所述本出左氏絕非無所據依即以尚書論子長補其文又從孔氏明故孰晚出之尚書而置疑於史記此以唐律定漢獄者也杜氏既有左癖乃不能引史證左殊為卑

陋惜服賈之注久亡耳

十四日陰

左昭二十九年使獻龍輔於齊侯杜注龍輔玉名正義周禮使澤國用龍節皆金也以英蕩輔之杜子春云蕩謂以函器盛此節謂鑄金為龍以玉為函輔盛龍節謂之龍輔此獻函不獻節故直云獻龍輔爷卿云盛龍節之玉函耳案說文云龍禱旱玉也為龍文又玉人云上公用龍故云龍輔玉名蓋用此意余案周禮疏云昭二十九年公在鄆賜公衍羔裘使獻龍輔於齊侯注龍輔玉名所以輔龍節与此別也是唐初所見杜注必有所以輔龍節五字故賈引以疏杜子春之說孔復引杜子春以疏

元凱否則但引說文及玉人足矣何必引經杜子春龍節之注哉

十五日陰晴相間

漢以望日祀太一從昏時到明此夜游觀燈所自始盛元宵詩殆無用太一者矣沿流忘源往往如是

十六日晴晚陰

閒

慈聖立綺春園昔漢明德后置織室蠶於濯龍中數往來臨視冀

聖懷遠儀明德從此修躬桑之典講親蠶之文

深宮留意蠶織亦治象也日望之矣　後見邸抄名綺華館

豐潤張氏澗

十七日雪甚微保穹甚大

復再因書並遣兩馬軍入都迎之時河海釋氷輪船已駛行矣

洪皓留金十五年忠義之聲聞于天下其子适遵邁俱才可謂不於身必於子孫矣並三洪之行誼不及其父遠甚此亦公慙卿卿慙長之類也宋國王祚還遣赦詔遣被兵州軍進草詔曰正皇帝之稱為叔姪之國論者謂前所貶損四方未聞著之赦文殊失國體要之此二語既彰前者稱臣之辱復著今者稱姪之名而宣播遠邇頗自矜詡戴之稱大朝小朝與父皇帝兒皇帝相等矣失國體猶小而其志趣之卑陋可知孝宗問侍從臺諫曰敵人來壞舊約從之則不忍屈不從則

是邊患未已中原歸正人源源不絕納之則東南力不能給否則絕向化之
心宜指陳定論以開導与金安節唐文若周必大為一議大略謂不
宜直情徑行上未可遽為之屈謂宜遣金繒如前日之數或許
稍歸侵地如海泗之類則彼亦可藉以而來議矣金強宋弱彼時
虜索河南陵寢者固屬迂騃而如此等議論豈不卑淺可笑歸
正人源源不絕乃恢復之機大猷置而不論亦見其識見庸下闇
於遠圖邁以高遠建責臣從及取新復州郡棄之稱土疆實利不
可与和議虜名不足惜黃中及陳俊卿均欲正名究之易正為難名
上未正也邁能以舊禮折伏金使及使金為金人所鎖水漿不通三

日乃得見竟辱命而還視遠宣霄壤矣益欽恨宗有意謟

高世祖則決從宜朱子指為佞人耳 秦廬尚如此子不如棠廬何足責但不錄而辱國更可恨

十八日晴

昌黎云爾雅箋蟲魚定非磊落人連日修改箋注積卷縱橫實

覺苦樂相關夜燈試取昌黎詩讀之不覺月午矣

蔡寬夫詩話云退之石鼓歌云羲之俗書趁姿媚數紙尚可博

白鵝觀此語便知退之非留意於詩書者今洛中尚有石刻題名

信不甚工余業蔡說甚固殆非留意於詩者此特烘托法耳並

國朝諸公如阮文達輩便執此意鄙視王書亦可笑也

十九日晴

族叔填來

苕溪漁隱叢話東坡云書之美者莫如顏魯公然書法之壞自魯公始詩之美者莫如韓退之然詩格之變自退之始又載山谷語謂退之安能潤色東野洪龜父亦謂山谷於退之詩少所許可東坡之言深於書法詩律為世之肄顏書者韓詩者痛下鍼砭山谷之詩豈能到退之氣象吾頗疑歐公以孟郊詩為彭越以山谷詩為江鰩柱皆有疑詞試問能与韓潮蘇海較耶

冷齋夜話又載山谷謂退之贈同游詩喚起窗全曙催歸日未西以喚

趂催錄為二萬樓山谷徑以等處來錦本亦頗采

二十日晴

顧緣氏自都來代購歷代國朝詞綜兩冊余不解音律不能倚聲留備檢閱耳晦若來談復與秋益致再同書以一緘属嚴範孫編修承館師均附明日摺弁寄都也

俞理初先征序義曰書序云羲和湎飲廢時亂日先往征之作先征史記謂帝中康時鄭曰先臣名史記不采左傳羿事蓋孔安國所不說據左傳羿代夏政為帝夷羿則中康之立亦猶朱均別守丹商國邑耳校書謂中康肇位四海允侯命掌六師又作傳云夷羿廢太康

而立其弟仲康為天子仲康命允侯掌王六師為大司馬是羿亦為大臣不得為帝夷羿矣宋蘇軾謂羲和貳羿忠夏羿假命征之其言無徵而深得枚孔之意蓋王肅皇甫謐見高貴鄉公毋邱儉諸葛誕之東晉宋時文證之也南宋元明之儒務與蘇爭而互相攀引殺並定羲和為羿黨則又一無稽之言各成一局且謂孔子書序不明羲和黨羿之罪夫羲和黨羿南宋始有成案孔子周人何由得明之且非枚書意也案吳世家取伍員諫夫差語史記於少康事何嘗不證以左傳惟伍員之言謂有過滅后相少康不失舊物則仲康繼太康而立本未失位（為）或謂國人所立羿為后羿所立時遠無

徵要不得同辛甲虞箴有有帝夷羿之說遂疑自太康以後遂羿浞迭篡也果自太康後羿即篡立何以又有帝仲康帝相乎以伍例辛不攻自破仲康自征其日官不必強與前篇細合校書取左如聖有謨勳及本鐸徇路均非此篇之文惟辰弗集于之房瞽奏鼓嗇夫馳庶人走叔孫昭子言夏書以證救日之禮正与書序廢時亂日之語合定是此逸篇之文無可疑者並則羲和之罪狀瞭然又何必逆夏室羿浞此兩叢臆斷之詞乎世或以此議史遷敘太康少康之間缺畧簡略則自孔子之時杞不足徵史記於本紀專取尚書師說正其謹嚴有作廢何可疑議左氏而言少康事出伍員之說視魏絳為詳敘之吳世家而不及夏本紀

甚白存疑互見之意被妄以訛謬及遺臆杜撰者皆妄人也

孫淵如書疏取鄭注禹貢引先祖箭歷元黃昭我周王以閏為

悳作為閏之閏迂曲說也先祖疑是敵王征之誤耳

二十一日晴

吳甏翁稿文信國補詩言所書六歌藏海虞錢氏已燬於火而

其題跋中尚有信公遇以青之詩遺墨動人激愛　合肥師

家藏信公一詩云得之鄉人云能避瘧鬼時或出於附會者

信公之正氣自勝於子章髑髏血模糊即鬼神固當敬之也

惜存篤洲不獲一見之

吳跋米襄陽臨坐位帖謂魯公圓活清潤能兼古人之長米則猛厲奇偉終墮一偏之失余謂顏與米人品迥異豈止揮毫夫人

二十六日丙

六國之勢宜從不宜衡並從之事雖蘇秦激而內從其志亦大過人然用無張儀從約亦不能堅蓋從約三晉之利彼齊楚燕方各蓄開疆拓土之見意謂和秦而加兵他國圖遠交近攻之策也而不知秦人以此時蠶食弱國其勢已席卷而亡矣秦之必爭韓魏猶今日泰西之必爭我屬國也法取越南英取緬甸香港俄取海蔘崴皆暗與秦人合屬日本窺取鮮何哉

枚耳軒睡及臥榻之旁而不悟有心人能勿慨然

燕在春秋時甚弱山戎之偪求助齊桓至景公之時猶畏齊獻賂何

戰國時竟列於六國史記亦不之詳也國策蘇秦說燕文侯曰燕東

有朝鮮遼東北有林胡樓煩西有雲中九原南有呼沱易水其地

兼今日之盛京山西大同陝西榆林界矣不知強大之基創自何時疑亦

田氏篡齊三卿分晉之時釐桓得以其暇吞併邊方耳史公曰燕北

迫蠻貉內措齊晉崎嶇彊國之間幾滅者數矣然於姬姓獨後亡

非召公之烈耶余謂弱如燕國樂毅用之而入齊強弱固無定形也

在於得人耳

二十三日晴

得八弟濮院書安妹桂林書

元微之陽城驛詩云商有陽城驛名同陽道州我願避公諱名為避賢郵詩作於元和五年及牧之時則改為富水驛矣牧之又有詩云益戇由來未覺賢終須南去弔湘川當時物議朱雲小後代聲華白日縣邪佞每思當面唾清貧長欠一杯錢驛名不合輕移改留警朝天者惕然一驛名或以為當改或以為不當改議論不同如此元白和答詩十首同者謂之和異者謂之答陽城驛迺白所和者小杜槩與元白異耳非漫

然而作也

二十四日晴

作壽文祭文一篇挽詞五首挽對一聯

杜預傳兩碑一沉峴水一立萬山萬字可疑檢水經注今訪山云當是方

山之誤方作万改正為萬耳兩漢之外史之誤字多矣

二十五日晴

李士周同年來午後至皞民蕢臣處小坐

八弟書云其內弟注有陰符經解欲求削正陰符經乃李筌偽撰諸

家注亦筌偽為之其言五賊三盜均極淺陋乃朱子為之攷異安溪復以

易釋之何也此等陋書止宜以神仙丹火之說演之蓋弱侯之禪出自
李贄不妨別樹一幟身宜儒者所宜言耳

二十六日晴

楫舟回得再同書廿七出都此檄範孫薦杜孝廉彤未知其就館
否

昨晦若見余挽壽老詩謂似竹垞挽納蘭容若之作非所敢當
也而少日實癖嗜朱詩會其使事繁博足資稗販負窮無
書檢此劉霞裳猶賸於以兔園冊子為秘本者偶檢所藏無注
錄而有楊謙孫銀槎兩注本孫注後於江楊並於直錄楊注者

便不著其名近於盜竊楊氏於徵典之的賅附作詩情事與紀

事之俗最為近詩要著如風懷詩楊注為徵實近於揭惡

訐私此類删之可也如鴛鴦湖櫂歌楊氏援彌和作甚多孫

亦一概去之此則近於立異矣覃谿評朱書援楊注孫注刻於

嘉慶初或覃谿未見耳實亦孫遜於楊

先生虎尾詩云東丹王子畫移剌楚材詩楊注以耶律楚材

作移剌為疑孫注則於注中但稱楚材而並耶律不書矣夫以

先生之博洽何至不知耶律楚材而誤書其姓者遼史國語解云

以漢字書之則曰耶律以契丹字書之則曰移剌特一音之轉

耳

二十七日晴

答士周並送裕如行過陳雨人商延館師

二十八日晴

得兩弟書連日必作書一二緘首臘尾年頭所積乘輪冊復之

孟僖子厲說与何忌於孔子懿子師事雖人宜有以承補過之家風而觀無違之明訓者乃其身比季氏實為聖門一大罪人上負君下負師有不可以情感理測者豈非孟氏之逆子而聖門之罪徒耶僖子二十四年卒何忌以是年代父位明年略公伐季氏使郈孫

逆〻何忌苟知禮則師師徒助公攻季豈非不世之動而為私計
亦必代季平得政乃甘心從逆執郈昭伯而殺之遂伐公徒此季氏
所不敢為而駿戾所未能為者何忌肆無忌憚毅然行之此則
季氏之賈充昭公不為高貴鄉公亦幸免耳三都之墮雖謀出
子路而主之者必夫子乃墮郈墮費何忌曾身在行間及墮成
則紿公孫斂處父之請偽為不知成之終不能墮意其陰謀秘計
能墮郈費以弱季叔彼留成以撓聖謀陰詐不可思議視數堅〻
叔孫州仇態不足取史記仲尼弟子列傳不列其名殆亦時彼不鳴鼓
而攻必早削其籍而絕其人矣皓垞作孔門弟子考乃補列之非

也於汪先生刻核非孫照于余稍嫌其過當若何忘則百喙無以自解者耳

二十九日陰

得樂山十六日書

昨因與兒子論北學頗譏孔氏後取其詩禮之疏攷之其詩正義據二劉為本復云焯炫并負恃才氣輕鄙先達禮正義以熊安生皇侃為本復云以熊比皇皇為勝矣二劉及熊皆北學皇侃則南學也不知沖遠何鄙夷鄉先達若此豈以士元始不之禮介介于中耶抑學業傳通故無門戶之見耶然觀其舍鄭氏尚書而用孔僞書服左傳

而用杜此孟子所謂舍喬木而入幽谷者何博通之有

以禮疏論之沖遠譏熊氏違背本經多引外義猶治絲而棼之今

案曲禮篇五十曰艾疏引熊氏云案中候運衡云年耆既艾注云七十曰

艾言年耆者以時堯年七十故以七十言之又中候準讖哲曰仲父年艾

誰將逮政注云七十曰艾者云誰將逮政是皆老致政致政當七十之時

故以七十曰艾此即所謂多引外義者而疏亦未有駁詰蓋兩注皆出自

鄭熊氏引之以博其趣耳太上貴德鄭注太上帝皇之世熊氏以鄭卅

帝於皇上故列考鄭說三皇与宋均曰帰通孔安國不同之駁疏亦無以難

之檀弓篇子思之哭嫂也為位注善之也禮嫂叔無服疏云此子思哭嫂是

孔子之孫以先先死故有嫂也皇氏以為原憲字子思兼於鄭無容不注鄭既不注皇氏非也孔氏連叢云一子相承以至九世及史記所說亦同不妨能有二子相承者唯存一人或其兄早死故得有嫂且雜說不與經合非一也孔以皇為勝亦嫌其時乖鄭義並疏頭連史記遂為子思有兄先死之說何足難皇且鄭既不注安知即是孔子之孫乎子思皆孔孫也其意蓋以上下並即此一節亦足見皇之未必勝熊耳王制千里而遙千里而近皇氏謂近乃不滿千里遙乃不啻千里熊氏以為近者謂過千里遙者謂不滿千里孔氏是皇非熊此則熊說似涉迂曲矣余擬摘其駮熊者刪鈔之仿劉文淇左傳舊疏之例使此學稍存梗槩也馬氏已輯之矣當合采諸家匯為一書曰禮記舊疏存

二月初一日晴

復兩弟書得趙菁衫書時署山東臬司

陽休之撰幽州人物志北齊書北史並同休之歿於隋開皇二年而隋書經籍志並不著錄惟舊書經籍志幽州古今人物志十三卷陽休之撰蓋開元四部所收也太平御覽引用書目已無此書是宋初已亡而新唐書藝文志猶列其目十三卷作三十卷未知孰是類書中竟罕徵引無可攷矣余惟陽氏譜系託於侯伯遠脈雖徵自士倫以忠清簡毅篤信義烈為盧諶所推實延世澤於勿替一家之學實為北燕太宗景文尼進字輝來就和平從孫承慶謨為宇統子烈

休之亦撰有韻略一卷（見陸法言切韻序 舊唐經籍志）是深於小學也 子珽弟俊之子辟
彊 父子並修聖壽堂御覽 兄弟叔姪並預文林館 子珽又輯閑詩
是長於編輯羣書也 敬安國 有集三卷 子珽有集二十卷（舊唐作二十卷此從）
北齊俊之亦自稱有集十卷 陽五伴侶讀者疑為古之賢人 是優於文（元業眡有集十卷）
書
辭也 袁德傳則曰詩稱經史 蘇叔高傳則引柳下惠則可吾不可之說
以抑華偽 請輕徭薄賦 勸恤人隱 以獻苑圃 均見風采 非不學者所
能也 惜今諸集與人物志俱佚矣 余僅輯守鏡一卷 略識慨慨而已（守鏡本二）
十卷
敬安有刺讒疾嬖幸二詩 見本傳 吾鄉之人例障於讒 亦其人類 北

方孤真〻故

初二日晴

遲冉同未至悶甚復菁衫書

李貽德有賈服注輯述余取馬氏輯佚補之復取馬李所未及者得若干條既為附存矣因取南史儒林傳涉及服杜者錄之以資攷核

崔靈恩清河東武城人 靈恩先習左傳服解不為江東所行乃改說杜義每文句常申服以難杜遂著左氏條義以明之時助教虞僧誕又精杜學因作申杜難服以答靈恩世並傳焉 僧誕會稽餘姚人

沈不害字孝和吳興武康人 自梁代諸儒皆以賈逵服虔之義

難駁杜預凡一百八十條元規引證通析無復疑滯

北史儒林傳

李崇祖字孝述上黨長子人 姚文安難服虔左傳解七十七條名曰

駁妄崇祖申明服氏名曰釋謬

劉晝字孔昭渤海阜城人 就馬敬德習服氏春秋通大義

馬敬德河間人 張思伯河間樂城人善說左氏傳爲馬敬德之

次（當是服氏）撰刊例十卷

劉炫河間景城人 自爲狀 服杜並堪講授

初三日晴

陳雨人來午後約李蕢臣代柏章仲瑋孝廉為館師

春秋左氏解詁三十卷 賈 解誼三十一卷 服 杜服注十卷 殘缺 服杜

音三卷 梁有春秋釋訓一卷 賈 春秋左氏經傳朱墨列一卷 賈

左氏膏肓釋痾十卷 服 梁有春秋漢議駁二卷 服撰 今亡 春秋成長說九

卷 服 梁有春秋左氏達義 漢王玢撰 亡 據此十附于服下不知與服同否無可攷 春秋塞難三卷 服

賈服異同略 孫毓 五卷 以上隋志 唐略同

左氏正義序令為義疏者沈文何蘇寬劉炫 蘇氏全不體本

文唯旁攻賈服 蘇疏 隋唐全不著錄

按馬氏就古涵韓蘇疏一卷並片言隻義不見旁攷之迹矣

初四日晴

曹靖臣來午後劉于進碩暚氏來談得允言書閏再閏初一始發之程

明日可到矣

晉劉隗傳隗伯父訥子疇字王喬曾避亂塢壁賈胡百數欲害之疇無懼色援笳而吹之為出塞入塞聲以動其游客之思羣胡皆垂泣而去之此即畏匿彈琴之風尚為近理劉琨傳在晉陽嘗為胡騎所圍數重城中窘迫無計琨乃乘月登樓清嘯賊聞之皆悽然長歎中夜奏胡笳賊又流涕歔欷有懷土之切

向曉復吹之賊並棄圍而走殊類兒戲止不辰先後兩季門局

劉氏以是琨軍同王喬附會也新晉書采之可謂無識

初五日晴

侵曉偕冉迎冉同行三里許相遇遇而弔之冉因瘦弱可憐

冉泊鎮橋下至暮始還署中陳光亦往謁即銖

金源一代邊風未革儒術至衰修史者立文藝傳而無儒林致之既

矣辛楣先生補元史藝文志稍攟遼金以來著述始得附見約

而論之如趙閑閑秉文有中庸說論語孟子解易叢說其學旁及

諸子晚遁於禪然固五朝文宗也楊之美雲翼雜厠禮樞新

厤之具次美文苑傳中如馬子卿定國茌平則有六經攷一卷王從之若虛藁城則有五經辨惑四書辨惑三卷尚書義粹二卷是宜別為儒林傳以存一代經學之盛衰者也小學則韓孝彥五音篇十五卷韓道昭改併五音集韻十五卷與張天錫趙昌世之草韻十冊鄭昌時之韻類節事儀注則如張行簡之禮例纂一百二十卷張暐等之大金集禮亦宜附焉至若李純甫之中庸集解撮儒入墨麻九疇之學易洛流忘源則不能闌入儒林稍存崖略總要之金之學派比元則不足比宋則有餘似不宜以文苑為名沒經生之源破史家之例也呂造字青要晚亦宜入之正大間同知集賢院

歐陽文忠作五代史以譏錢氏太切，至錢氏騰謗，訐以帷薄不根之語。今更攷得一事，遼文學傳劉輝壽隆閒上書，以歐陽修編五代史附我朝於四夷，妄加貶毀，且宋人賴我朝寬大，許通和好，得盡兄弟之禮，今反令臣下妄意作史，臣請以趙氏初起事蹟詳附國史。上嘉其言。昌黎不願秉史筆，偉哉廬陵，特本南以北為索虜、北以南為島夷之例耳。五代之季，石晉亟稱契丹為父皇，愈夷狄之中國，乃愈辱也。

初六日陰

合肥往唁再同，約花農來議南行，彭逸翰事。午後過再同，譚董春疏閱

甚飲酒微醺

初七日大風雪

雪甚大同風均入階下積至盈除重裘猶栗以炭一罏送再同

夜得九弟書

王從之滹南詩話史舜卿元作吾舅詩序以為有老杜句法蓋得之

矣而復云由山谷以入則恐不然吾舅兒時便學工部而終身不喜山

谷也若虛晉無聞聞之則曰魯直雄豪奇嶮善為新樣固有

過人者然於少陵初無關涉前輩以為得法者皆未能深見

耳從之舅周德卿嘗曰句法二字乃山谷於杜出者學杜不可不知句法

此後以內法東杜小矣從之詩話三卷謨能出谷者黃屋其半則失之過矣元裕之云論詩甘下涪翁拜不作江西社裏人斯乎允之論於

初八日晴風止

晨起以再同大病體弱送之至篤以盡戚友之誼辰初發三岔河午初由新裕南征戍正至大沽候潮因北風潮小不能行

讀漢隱居詩話王元之橄欖詩云南方多果實橄欖稱珍奇北人將就酒食之先顰眉皮核苦且澀歷口復棄遺良久有回味始覺甘如飴蓋六句說回味歐陽文忠曰甘苦不相入初憎久方知極快健也勝前句多矣佩綸案東坡亦有句云待到餘甘回齒頰已輸崖蜜

十分甜熟，翻元之意也，三作當以承旅為渾成，並未參酌三公際遇矣。

朱竹垞有擬悅詞，極細膩，並無甚寄託。

查氏水西莊之名，幾與水繪園、玲瓏山館鼎峙南北，爭長在很二年，求其遺

址，言人人殊，可歎也。舟中閱蓮波詩話云：查浦老人以康熙庚辰辛巳

將保居于斯堂，與趙秋谷、姜西溟、昝元彥、蘇芸、朱字綠、劉大

山巖，聲識飛箋，殆無虛日。故遂園更有留別詩，何雲岸等至。

金羅從後亦來于斯堂，為其父誕宴，更以莊中所種紅蘐分賜

葛信天、丘菊、張少儀、鳳孫、葛張，均有詩。蓮波後有劇業存曲周

海寧十月盛開，徧徵題詠，想見當日驛通賓(?)救權醉客之概。

初九日晴

已潮為西北風所阻水纔八寸餘舟仍不行登舟頂遙望大沽形勢屹然誠天險也過舟同談見其徽有倦〃意少坐即歸深悔行篋攜書太少植宋無憀閒日理杜詩片刻〃薄暮矣沙鷗飛翔海天一色望〃靡然意遠夜潮甫發

初十日晴

申酉間過成山

史記封禪書八神七日日主祠成山成山斗入海注成山在東萊不夜縣

子虛賦齊東陼鉅海南有琅邪觀乎成山射乎之罘張揖注於其

上築宮闕也米蘭坡以觀即觀於轉附朝儛之觀張說未的余往來海上謂以夜過成山來觀其形勢大風雪中斜兀並在目無論祠廟之迹不存且不載土之山近於荒蕪亦不足以騁游觀不及之罘遠甚疑不能明也顧思以日祠之說證之當從齊地記所云古有日夜出見於東萊故萊子立此城以不夜為名殊舊於此山為觀日之所放舟中無書錄當校之漢書郊祀志最居齊東北陽以迎日出云

始皇二十八年登之罘立石二十九年登之罘刻石三十七年並之罘射巨魚封禪書所謂陽主祀之罘也漢武踵秦政之迹亦登之罘浮大海而還疑即今煙臺也

十一日雨東風有浪

夜半水霧作篤篤長誒以審過山為查山至日晨日出始離之

十二日晴

由鎮海折回至上海已未初矣寓再同於廣肇公所余仍居舟中

十三日晴

延費繩甫為再同一診據云肺經已損療不可為矣勉立一方而去

為之悶損西沅子梅至書肆買得叢書數種作陵存遠書

時鄭弇已到伯潛去年有擇地相見之約至滬頗思電之而滬

上讒讒嘖嘖不可久居遂以一書略以殷勤之故八弟適從院衙替回

枕矣鐵武名冰祖

少日四兄以馮注義山詩文見貽余之稍治義山始此而所嫌馮注之繁瑣治滯中年久棄之矣偶於肆中購徐藝初昆仲文集注姚平山詩集注閱之姚注雖分體遞長稿稍改原編之舊然實便於披覽視馮之強分次序者已勝矣誰謂後來居上哉同日又得秀野草堂溫詩注六板紙均佳

飛卿與玉溪並稱校讐不遠遠甚其西陵道士茶歌結句云疎香皓齒有餘味更覺鶴心通杳冥李之所以勝溫者以有餘味而以通杳冥耳善品詩者必能辨之

新唐書庭筠大中末試有司私占授者八人執政鄙其所為授方山尉舊書稱收怨之辭為方城尉全唐詩話宣皇好微行溫不識龍顏傲然詰之謫為方城尉三說不同如此疑舊書為得實醉而犯夜為虞候所擊敗面折齒乃訴之令狐綯飛卿固非小杜令狐更非太牢然殺風景並令之輕薄少年正恨少此虞候一擊

十四日晴

載之自蘇來本欲赴滬相遇於舟中留之午飯晡談飯後送之舟因與汪遡舟中少坐至夜分以往名為生離即同死別殊不可為懷也復與載之夜話比其滬門之行夜半江海兩舟並放矣終夕展轉不能

成案

戴〻偶以牙杖問余曰世名牙籤戴六有本乎余曰陸雲有七機書曰有

剔齒纖一枚以寄兄耶此之謂也高似孫緯略又引酉陽雜俎云仙人

鄭思遠常騎虎故人許隱齒痛求治鄭拔虎鬚及熱插齒

間即愈更拔數莖與之所謂纖者當是此類若以金類絲類

爲之無足奇者何必寄耶余案心纖也此必木刺藤刺爲之故

曰纖若金銀之類則後人推以爲飾並以緯略證之則宋時已以

金銀剔齒矣

十五日晴

夜渡黑水洋波平風靜月色劇佳

張思光作海賦以示顧凱之凱之曰此賦實超木元虛但恨不道鹽耳張即求筆注曰漉沙構白熬波出素積雪中春飛霜暑路此四句後所足也余謂此四句賦鹽則甚工賦海則已細似於全篇無所增損而思光之賦較之元虛氣勢實不能及宜昭明選木而遺張也更有庾闡一賦則更失之晦矣海本難賦以孟堅之深瑋而覽海賦亦甚尋常以子桓之冀遊而滄海之賦亦雄闊下至王粲之游海孫綽之望海寥寥短幅無圍蓋之勢而有窘拘之譏豈特賦史思想於今者哉

十六日晴

戌刻至煙臺即之罘也亥正復行登舟頂望月

義山詩須深於唐事始得其用意之所在馮注惟以牛李黨模棱曾

中遺篇累牘無非為令狐而發何其淺陋也宮中曲欲得識青天昨夜

蒼龍是此以漢薄后事喻大中鄭太后本李錡妾也視杜秋詩尤隽

雅不露與英霧隣來之可傳漸華軒參觀寄興無窮矣

十七日晴

未刻至大沽潮平載重不能入港也酉刻合肥所遣快馬輪舟

至月中放櫂亥正丑初始至署中

允襄允釐赴州小試允淑隨其壻田福山詣棆和十過滬得允言書

鶴栗書

玉溪升沉詩以拙晦為妙胡震亨謂元微之古風若蒲帖所講

道路著魔不謂此趣士六段求之程午橋曰劉孝威等樂謠豈甘拜

中流王出作諫壓詞意本此馮孟亭則以為文宗崩武宗立楊嗣復

遠在江湘李德裕由淮南入相之時語雖雜柱尚有線索可尋跡

其詩云堯得舜可禪不以聲瞍疑禹竟代舜立其父吁嗟哉言脫此

并六合所來由不章漢祖把左契自言一布衣當塗佩國璽卒乃黃

門攜長戟亂中原何物趙我氏不獨帝王亦臣下亦如斯得尹

孝衛公伐國論苻堅納
慕容姊弟秦宮有鳳
皇之謠大意亦為鄭杜
而發此詩何物楚弢氏
亦即暗指此事也

助興之不藉漢文資稽縣老翁受坐為周之師唐猶與敗佞突起
宮傾危之長少稱封土富是出程姬帝聞之人為有自責陳光
武昌昔號于老姜為人妻蜀王有遺魄今在林中號雌鳴雞稱
葉翻內雲中飛以馮況未之止泥於楊妃水葬之譯尋意以禪代
喻弟兄相及淮南指衛公亦不甚切以余意訴之陷與樊川杜秋詩
周旨皆為太中初年作鄭太后本李錡妾杜云光武紹高祖本係由唐
光弼比兩云長少稱封土富是由程姬也而言顧氏并以今所來由不韋
則錄更嗤之蜀魄淮南雞以武帝上賓皇子被讒與黃門揚相是
以見廣之之策謂由宦官耳宣宗以仓猝楚用閽為文資乃進則

反之曰如伊尹者當如漢法以文任何官耶 康先本稱姬伯先鄭之鄭 太庭侍先秦爲精切

錢宗標爲分明視馮說亦較安也

十八日晴 易綿衣

買得洋燈一對於夜讀甚宜洋燈共華此稱雅樸且堂便也費区

花農約來

溫公一代正人元祐新政天下後世翕然稱美顧其學術有不可解者如

孝經則從古文篤好太玄而疑孟作資治通鑑則帝魏寇蜀程氏遺

書謂溫公能受人言儀人悖逆受不忍便是將處置如東坡之爭

差役溫公果能受言而不忍乎

十九日晴

胡令良駒赴清豐屬，以再同病狀告伯平。

劉真長王仲祖共行，日旰未食，有相識小人貽其餐，肴案甚盛，真長辭。仲祖曰：聊以充虛，何苦辭。真長曰：小人都不可與作緣。六朝人能作此語，殊有意也。

宋鄧名世姓氏書辨證引孔至姓氏雜錄曰：唐初定清河張為乙門。又曰：唐張大師、延師、僉師兄弟三人並列戟，時稱三戟張家。又有張禘、張諗、張涉兄弟三人同時列三戟。又開元中張說、張嘉貞同時人相互為中書令，時稱大張令、小張令。

二十日晴午後微陰

得孝達電再同十八到鄂擬留之就醫並疾不可為矣寄廉生書告之又寄八弟九弟復書午後縣民來談

李衛公相業余所心折頗其筆祛翁賈充論頗謬其論曰祛豈悅賈充哉良以愛君體國數千百年晉氏傾奪魏國初有天下其將相大臣非魏之舊臣即其子孫所寄心腹惟賈充而已充亦非忠於君者但以成濟之事爲晉室當同休戚此李祛所以顧留也昔漢高不忘呂后亦迫於時寔以惠帝闇弱將相皆平生故人倨傲豐沛非呂后剛強不能臨制所以存之爲社稷也後世疑其戴

若者待不念于以戕景充族成濟加及高貴鄉公實弑君首惡

黜晉言晉始曲謀論武帝既移當塗之鼎自宜黜任尚賢為經

國遠計任愷庾純剛直守正疾充如仇說帝令鎮關中實晉之忠

謀也其時魏之舊臣如王祥裴秀荀勗前平邪存者亦皆甘心二姓

既無興復書魏之力亦無興復曹魏之心魏之子孫在當日尚如

禁錮在晉初更若單門豈賴一充居中鎮東所言殊不切事

情祿為此程實素黨於充又逆料充為晉謀臣根深蒂固故

密為迎合之計以遂其交通之私充嘗薦王邦是祐錫其武直

則情不為顯著與荀勗勸充連婚儲宮同一黨蔽而武帝不

噫賈充以嗾成濟開典午之基充女即以弒楊后殺愍懷喪典午之業天道好還假手於充之女以示顯應祇祈辟絕嗣可謂賈氏之殃而不能欺福善之天衛何以稱焉

二十一日晴大風

午後葉子晉子來扶柩至廣慧寺余送之

西陂集謚康熙二十四年乙丑以事過遵化練泉泉在城東北隅文康嘗築亭与客泛舟後以地震泉涸余至泉忽湧出都人士驚喜建堂泉上余題曰來泉賦詩刻碑置堂側去今州牧陳以培修復斯堂州人以堂成之日乙丑遵屬中四進士為瑞囑見示

哉

二十二日晴

作樂山七十生日壽詩三十韻香濤前輩嘗謂余力作五排亂近俳體故自己卯歲至今十二年未嘗作此體矣壽詩不可存稿臨老從意為之殊不愜意也壽聯則臨老代撰

譯民以吉林公牘二冊送閱我　朝以黑龍江吉林開國而定鼎之後視若園囿之邑不設民官康熙年間已有羅剎之患即俄羅斯也自明誼定約黑龍江之半入於俄光緒初年因伊犁搆衅余與香濤謀以此經畫東方故有清卿幫辦吉林之命適銘鼎臣請令閣

敵銘保道府州縣各一員赴吉林差遣　旨令金肥保送余薦歸氏

而他道員守惲甚遠蕪雜甚以歸氏及李守金鏞員知州啟章查令

宗仁應而員查近來往也銘吳聞有齟齬歸氏頗能調和之次後州縣

而歸氏將分巡吉林之命稍稍規久遠矣而清卿叔吳與請以所部防

近畿當前敵遂去邊庭時局既變歸氏亦不安其位而三者俱去矣

大臣新命以下東頗甚勤而邊事日壞吁

二十三日晴

漢光武不用功臣然王霸元伯守上谷二十餘年祭遵弟孫之從弟彤在遼

東亦二十餘年彤後以追留畏懦下獄免且本非元功元伯從帝頗端厚

從德稱永堅殆與馮公孫華亭相似其在北邊攻盧芳從飛狐道築起
亭障自代至平城三百餘里又陳委輸可從溫水漕以省轉輸之勞
久任邊方成效甚著亦足稱矣
魏志楊阜傳明帝著繡帽被縹綾半袖阜問帝曰此於禮何法服
也帝默然不答半袖疑即半臂
二十四日晴
旨以陶模為新疆巡撫張岳年為陝西布政使沈晉祥為甘肅布政使孫
楫為湖南按察使浙人三東人一毅齋丁祖母艱也
新疆既復左文襄建議奏設郡縣識力可謂遠偉矣惜規模

未定文襄以俄事內召其後朝邑長公部務崇節儉初欲罷郡縣之議余力爭之而止然裁省兵餉章程東傳一搖手不得矣余嘗因部議平時曾有屯田一疏其時年少氣銳或涉難事竟言文襄請試辦於察哈尔則未知近邊牧政之重與控制西域地同勢異且八城地廣人稀無民何以設吏無田何以聚民似屯田之策終不可廢況年惇新畺私議云四城（謂庫車布古尔哈拉沙尔皆漢屯田之地不待復舉）屯政既舉即當舉阿克蘇以東之田回部者安西關內之藩籬四城者又回部之藩籬今當實阿克蘇以東諸城以待四城不虞即當實安西以東諸州以待回疆不虞斯言諒矣（四城指喀什噶尔葉尔羌和闐英吉沙尔今日之急唯煤鐵之礦亦可並舉也）

二十五日陰

遣陸宣赴寮罘爲樂山祝壽

齋中書籍縱橫廿二日盡去客次牀几以書箱十列於東壁增書至二千卷今日清暇督僮輩整比之頗覺心地明朗矣

讀晉書一卷列傳五十五 劉毅初預義旗功居宋武之次史稱其深自矜伐不相推伏此其取禍之由然始以義合謀終以勢隙未推原其隱宋武志在篡晉毅目不能苟同史頗謂其急躁憤激恐不然也觀何無忌與毅不平毅唯目引答毅非不能遜遜者其赴江陵請加督江廣以郗耽江州兵及豫州西府文武萬餘所謀騷騷相通裕欲嘗廷

大業自不能光之猶蕭當此之時非被殺即殺殺猶無亡危履
之一木難阻之一簣也史稱其嘗云恨不遇劉項之爭中原又謂
都僧施曰昔劉備之有孔明猶魚之有水眾咸惡其凌傲不遜此
亦身敗之後誣衊之言夫毅殺者不臣類以不臣罪毅乎在宋臣
秉筆作晉書時旨宜亦爾屠臣乃踵其謬悠不加申理何耶
酉刻得鄂電再同於二十四日酉刻下世慘哉

二十六日陰大風

枯坐念再同侠腸篤行其以會典積勞似梅聖俞去年嘗以目疾竟成
識語弥可痛也晦若來少坐即去

直齋書錄解題李義山集八卷樊南甲乙集四十卷唐太學博士河
內李商隱撰商隱令狐楚客開成二年進士書判入等從王茂元鄭
亞辟二人皆李德裕所善坐此為令狐綯所憾竟坎壈以終甲乙集者
皆表章啟牒四六之文既不得志於時歷佐藩府自茂元亞之外又依
盧宏正柳仲郢故其所作應用若此之多商隱本為古文令狐楚長
於章奏遂以授商隱然以近世四六觀之當時以為工今未見其工
也案直齋論玉溪襄允令狐綯在武宗時衛公並不以黨疑之義
山安能知其父子之黨牛李而惡衛公乎及大中之世因與武宗有
隙波及朱崖而綯敏中承望風旨入井下石推波助瀾既以衛公而

及鄭亞復以鄭亞而及義山此非義山之志且背令乃令狐之友雖忘
才也馮譜乃義山罪人余既於去年辨之復因直齋之言漫識於
此

二十六日清明晴

晦若及其弟淵若來名式模淵若書法英健文筆暢達余薦之
樂山延年來記昨日由杭到津也得宋子涵書
直齋書錄解題李衛公集有兩本一曰會昌一品集二十卷別集十
卷外集四卷一曰李衛公備全集五十卷年譜一卷摭遺一卷四庫
所收惟一品集備全久忘矣解題云備全集以永嘉及蜀本二十四

卷之外有姑臧集五卷、獻替記、辯謗略等諸書，共十一卷。知鎮江
府江陰耿秉直之所輯，並攷次為年譜，搜遺。姑臧集者，兵部員外
郎段全緯所集，前四卷皆西掖北門制草，末卷惟黠戛斯朝貢
圖及歌詩數篇。其目姑臧未詳。衞公三為浙西，出入十年，清治京口，故
秉直刻其集。余思補輯其年譜，稍得長慶當酒長之略，每每
未暇也。

二十八日陰。

復子涵書。得高陽書，詢余送再同之故，作牋復之。暤氏米談：
魏以疏忌宗室亡，晉懲其弊，大封同姓，而八王之亂，晉徽遂東。然東晉

所以任宗室者也謝安石既薨以會稽王道子總錄揚州假節奔馳於是
嬖以賄遷政刑謬亂用度奢侈下不堪命世子元顯繼之至於謀
奪其權於是孫恩外通王恭因謀而桓元乘之以起劉裕以興從為
晨遂移典午之禪實會稽父子釀成禍階也夫親賢並植則安危共
戚之矣而用宗室亦知宗室亦未必盡不可漢用東平則治齊用蕭鸞則
篡何常之有世之謀國者尚鑒之哉勿以宗室為必可恃也

二十九日陰有風

借觀雲楣所藏北宋搨聖教序曾見以魏心津書題上皆缺乃伊墨卿
藏本有潘三松阮芸臺唐陶山郭蘭石跋郭云汪孟慈有北宋本高此

無少差池所見無能鼎足者乃前朝庫裱餘墨搨舊姚姬傳書一行於齊字之側五紙三為二層修蘭亭有如此云 聖慈不悶緣字上不悶 校錄本在滕本王孟問題籤已遺矣

三十日晴煖

李子木來時東撫奏保送部引見午後答裕如送行澗若辭赴

蔡罕復信送之寄樂山書以百元寄戴之

觀王孟端溪山漁隱圖有乾隆 御題稿瑣董誥彭啓豐彭元（梁國治）瑞和作惠山聽松庵性海編竹成鑪以崔艾王為繪圖旋（流）而鑪燬圖已庫堅明顧梁汾得圖錄之乾隆間知縣邱璉借觀燬之

圖內有孟端補題一行署
永樂壬寅、畫者及倭款
本錄內孟端辛丑永樂
丙申此不款也

上親命補圖遂庵仗以此卷賜焉今庵址已為淮軍昭忠祠而秦緗業
得御賞其族弟恩延以此圖將以建山房帖御題云罔閣
因孫而奉也此云一圖亦々詳也竹爐圖有吳跋此圖又有原博跋

三月初一日晴

裴主事景福顧見情殷晦若為之通意因就晦若齋中見之
乃通州知州裴大中之子字伯謙己卯舉人丙戌進士喜收書畫刻有
壯陶閣帖情願者阿夫容故穢跡廣曾孟々亦應官也其視數中
者自勝一籌
漢書禮樂志令叔孫通所撰禮儀與律令同錄臧於理官法家又復

于艸堂石影

不傳漢典寢廢而不著民臣莫有言者又遭亂之後河間獻王采禮樂古事稍稍增輯至五百餘篇今學者不能昭見但推士禮以及天子說義又頗謬異蘭臺之修史竟未見河間所輯與叔孫所撰之異也按後漢書曹褒傳章和元年正月召褒詣嘉德門令小黃門持班固所上叔孫通漢儀十二篇勅褒曰此制散略多不合經今宜依禮條正使可施行於南宮東觀盡心集作故夫參議固以為陋夫漢儀創自叔孫通肅宗亦知其不合禮經而於風院獻之於廷臣稱之於史若黃歎不足者繆宜當世以重固者為葉公之好龍也肅宗謂竇憲曰公愛班固而忽崔駰此葉公之好龍也

初二日晴有風

馬勇自鄂回得孝達廿二日書

能改齋漫錄太宗親征北狄直抵幽州城下夕大風軍中虛驚南北兵皆潰散惟高瓊隨上上怒諸將不赴行在欲行軍法高奏曰夜來出不意諸將若知陛下所在豈陛下之福耶上怒皆釋之高之門出太皇以為有陰德之助余謂母儀如宣仁皆不得謂無積累如報以為陰德非失之陋即失之誣矣

初三日陰

得菁杉書挽再同一聯寄本甫 異識詩三秋謂詩人少達多窮 梅都官來集書成韻以奠為誤

于艸堂石影

期死友 送耕才十日嗟孝子遭憂悲篤徐驍騎竟因毀卒雲餘
僅留付孤兒

坦齋通編春秋書夏五郭公人皆以為闕文夏五固無可疑至郭公胡氏以為郭亡蓋齊滅有郭何故亡之問故以公為亡疑皆未能據春秋書有蜚有蜮謂昔無而今有也至螽之一字僖文宣成之世凡六書之而無他說惡郭公亦止是一物真書之以記異耳本草布穀江南呼為郭公豈此物耶 業說但如此殊不美也 邢凱著

初四日晴

復孝達書

東都事略呂夷簡傳西鄙用兵劉平死于陳黃德和誣平降賊詔

腰斬德和議者以朝廷使宦者監兵主帥節制不得專故平失利乞
罷監兵仁宗以問夷簡夷簡曰不必罷但擇謹厚者為之仁宗委
夷簡擇其人對曰臣待罪宰相不與中官私交無由知其賢否願詔
押班保舉有不職與同罪仁宗許之翼日都知押班叩首乞罷監兵
士大夫嘉夷簡之有謀余謂監軍為害自唐已然仁宗因言者之請
欲罷宦寺兵權實為善舉夷簡既為宰相便當敷陳古今宦寺之
弊力主罷之乃請擇謹厚為之陽奉陰違殊為巧猾卒而仁宗之意已
堅押班亦以庸才畏罪請罷設上心變彼黨益堅夷簡亦如秦
越之視耳所以然者夷簡之欲合素所厚內侍都知閻文應同知

郭后之謫，藉以報以方陰感。內侍之不職，何敢蕢此大計，取怨中宮，因為模棱狡詐之說，事成則居其名，不成則不受其禍，所謂中外大臣老於事者也。

初五日　晴，有風，甚寒，復御灰鼠裘。

子涵寄聖教序一冊，是宋搨而不精；復有實際寺碑、雁塔聖教序，均是舊搨。午後吉雲帆自都引見來津。

真宗疾久，艱於語言，讓丁謂傳內臣雷允恭，祖謂敢留之，嚴之相悍橫矣。仁宗自嘉祐元年有疾，暴感風眩，雖月餘告痊，而范鎮建儲之策，即入意風疾必不能盡瘳，七年之中似精力已遜，故司馬溫公上疏，盡屏內侍尚食御藥侍臣四人及扶侍立殿角以備宣喚則病狀可想矣英宗四年內在病中殆亦委靡不振之朝因循若此至神宗發憤為雄又以新法進小人安得不亂今每以嘉祐治平為治世猶宋人之工於粉飾耳

初六日陰

元豐之政壞於呂惠卿紹聖之禍成於章惇崇觀以來之謬舉極於蔡京三人皆閩產也其尤異者奸邪如此而皆有文學皆享大年福善禍淫之理殊不可憑經以行備之林國鄭粲備也惠卿年八十惇年七十一京亦八十京之書與坡谷齊名惇之文字亦佳與坡公時有倡和而惠卿亦有莊子解千卷文集百卷天予小人以才殆厚其毒以為亡宋之具耳惠卿以子淵見

張悵素妖言不以告嘗責邠州團練副使繼以觀文殿學士醴泉觀使致仕惇貶雷州未幾內徙致湖州指平視呂微仲之死於道中劉莘老之卒於貶所轉有晚景優閒之福是以回夭跖壽之難也故子罕言命

初七日晴

江督過境合肥酬答甚勞余校寫餘暇頗以書畫為怡性遣悶之具較重吏隱閒者之福多矣

禮記緇衣篇子曰私惠不歸德君子不自留焉注私惠謂不以公禮相慶賀時以小物相問遺也言其物不可以為德則君子不以身留此人也相惠以褻瀆邪僻之物是謂不歸於德歸或為懷疏君子之人不聞留意於

此等之人業注云疏解留字小異而皆未當也自用也 書呂誥鄭注 留止也 說文 私惠不
睇德 君子斷不用己而留士不因私惠而留也惟不輕受人之私惠故不為人之私人孟
子無處而餽之是貨之也焉有君子而可以貨取乎正是此意
康成先習韓詩後箋毛詩謂毛詩義長禮注已行不復追改然緇衣引彼都
人士之詩注云此詩毛氏有之三家則亡是注禮時已見毛詩也

初八日晴

得九弟書夜即復之辨玉旨未暇校勘頗覺閒衰
晉書王戎傳以母憂去職時和嶠亦居父喪以禮法自持量米而食哀毀
不踰於戎帝謂劉毅曰和嶠毀頓過禮使人憂之毅曰嶠雖寢苫食粥

乃生孝耳至於王戎乃為死孝陛下當先憂之帝賜藥物斷賓客

世說新語亦載其事謂王雖骨支牀和哭泣備禮晉陽秋曰世祖及時

談以此貴戎按戎傳則云不拘禮制飲酒食肉或觀弈棊而容貌毀

悴杖而後起夫飲酒食肉雖喪有疾之禮也觀弈則非禮矣仲雄之

言不免陳壽在蜀以父喪使婢丸藥鄉黨以為貶議至蜀平尚沈滯

累年夫責人則觀棊得死孝之名寬賤則丸藥蒙不孝之謗豈

不異哉

晉書八十二卷陳壽等十二人列傳十一人皆史才惟王長文著書四卷

擬易名曰通玄經與承祚諸子不類而亦廁名其間殊無例法

初九日晴

法書要錄所載婦人能書姓名偶撮錄之

蔡文姬　蔡邕授神人筆法與崔瑗及文姬　又見書斷　甚賢明能工書

衛夫人　文姬傳鍾繇繇傳衛夫人　李嗣真上下品　張懷瓘第三等　書斷入妙品

左姬　王愔文字志在賈逵之後許慎之前

皇甫規妻　扶風馬夫人見書斷妙品　有才学工隸書

謝道韞　李入中下品　亦見書斷　有才華亦善書甚為舅所重　神品

李夫人　李入下上品　在袁崧後謝朓前

王羲之妻郗氏　甚工書　神品

郗愔妻傅氏 善書 妙品

王洽妻荀氏 亦善書 妙品

王珉妻汪氏 疑是江氏 妙品

孔琳之妻謝氏 亦善書 妙品

以上書斷

陳煬帝沈后 吳興人君理之女 字婺華

唐則天后

劉秦妹馬氏妻 劉秦乃翰林書人

以上見竇臮述書賦

初十日晴

李義山風雨詩新知遭薄俗舊好隔良緣何義門評云新知謂茂元

舊好謂令狐也馮注因之其曰遭遇薄俗者世風澆薄乃有朋黨之分而恐

及我矣此解殊謬姚平山謂新知可薄而舊好可睽得之新知遭薄俗

耶杜陵晚將示契託年少當面輸心背面笑此必義山罷桂府還都後

之作新知指輕薄少年舊好則迴思往事感慨係之其起句淒涼

寶劍篇羈泊欲窮年意旨在明茂元乃玉谿密姻不應以為薄

俗也如馮注則當云舊交遭薄俗矣 還都二字衍

史記孟荀列傳附見三騶子家有見其傳騶衍云騶衍後孟子睹有

國者益淫侈不能尚德若大雅整之於身施及黎庶矣乃深觀陰陽

消息而作怪迂之變終始大聖之篇十餘萬言其語閎大不經必先驗

小物推而大之至於無垠先序今以上至黃帝學者所共術大並世盛衰因載其禨祥度制推而遠之至天地未生窈冥不可考而原也先列中國名山大川通谷禽獸水土所殖物類所珍因而推之及海外人之所不能睹稱引天地剖判以來五德轉移治各有宜而符應若茲以為儒者所謂中國者於天下乃八十一分居其一分耳中國名曰赤縣神州赤縣神州內自有九州禹之序九州是也不得為州數中國外如赤縣神州者九乃所謂九州也於是有裨海環之人民禽獸莫能相通者如一區中者乃為一州如此者九乃有大瀛海環其外天地之際焉其術皆此類也然要其歸必止乎仁

義節儉君臣上下六親之施始也濫耳王公大人初見其術懼然顧
化其後不能行之是以騶子重於齊適梁梁惠王郊迎執賓主之
禮適趙平原君側行襒席如燕昭王擁彗先驅請列弟子之
坐而受業築碣石宮身親往師之作主運其游諸侯見尊禮
如此按騶子之學如迂怪而非迂怪今日驗矣秦皇漢武若見其
書可悲方士神仙之謬說史遷微意在此吾嘗謂縱論九州既可
破近日拘儒以正心誠意據為之陋習而歸本於仁義節儉又可
藥近時尚酣歌恆舞交義憂之修以世特戰國王公大人不能
行耶乎宗騶衍此書而偉矣疑山海經即是騶子所撰惜缺校

錄時未深校又其術大要出於管子君臣上下六親皆管子篇名也

伯平以卓異入都引見過津見訪可談再同身後相對淒然午後歸

十一日晴

民來談

桑宏羊孔僅興鹽鐵之利設鹽官者二十八郡設鐵官者四十郡文獻通考已摘錄之常山郡蒲吾有鐵山疑亦有鐵官之誤漢志於金銀銅錫皆詳所出而於鐵官尤詳固由桑孔兼筦鐵官之故實以五金之利惟鐵所用最大也讀志於鹽鐵猶詳自魏書地形志始變班志之例於因革損并之分合及廢祠冢墓而五金之產略焉使讀一代之史

於一代之物產貨殖徙列食貨一志不甚明悉蓋課國之法略矣非記地之例所渻也唐鄭有鹽鐵使大氐詳於鹽而略於錢通考歷代鹽鐵二卷於錢賦採掇太少讀史者宜以五金清長列爲一表自山海經起下及各史唐宋古今治亂之故瞭然在目唐財貨之流行以時代權衡酌晉輕重故 晉志撰於唐在魏之後

十二日晴暄復御袷衣

丙楨岱東徽夫先後至午後答伯平略話作鶴巢子涵書

讀隋書誠節傳頗有疑竇與晦若縱談晦若言煬帝之於其父直楚商臣蔡般之流漢王諒以諫議王頍之策發兵討廣後居父之仇

臣弑逆之罪實義師非作亂也皇甫誕乃以君臣位定逆順勢殊諫

諒反因復以楊素將兵主簿豆盧毓出之獄中閉城拒諒為諒龍在殿舉

遇害時實楊廣之逆黨非隋室之諍臣也而無忌依傳寧要本碑

非許不遺館力殊不惜也至唐高祖起兵太原副留守虎賁郎將

王威虎牙郎將高君雅疑有異謀因禱雨晉祠以圖高祖為

高祖所先執殺之隋虎牙郎將宋老生死於霍邑以拒唐為太宗

所斬此實隋之忠臣而誠節傳均不錄之時以為有所諱則堯

君素有傳何以遺此三人也止為唐諱猶可為廣諱則如可

蓋自六朝禪代相尋史何太柔於君臣大義也孝嘉名不免倒

史記云韓嬰燕人班氏承之以
太傅即居涿則直云涿人
何必於韓生非稱涿郡
韓生正斷之曰涿人也以
明之謂太傅燕人自韓
生推為涿人耳摩非欲
強以韓生屬之鄚
邑於秦漢之沿襲讀
史者聞聊示考之下
云趙子河內人也事

置矢寅耳　王頌蔚傳作頌

十三日晴

章仲暉來自績谿往訪之伯平蘇行慕韓韓齋兄弟扶子樓丈及朱夫人柩回浙至河干弔唁嘗至初四日由吳橋來

韓太傅作詩內外傳漢書云燕人以徐案傳敘之無終舊屬燕郡是在北平郡曾名燕郡矣偶閱太平寰宇記鄚縣有韓嬰冢即太傅也毛公之墓在河間獻縣而太傅之冢無知之者矣豈以韓詩亡佚至是而遂不顯耶鄚為漢之涿郡故漢書又云司隸校尉孝宣時涿郡韓生其後也司隸校尉蓋寬饒見涿韓生說易好之即更援焉夫

燕錫生以燕錫生謂太傅以别於其後之涿郡錫生

以錫生爲涿郡則太傅非涿郡人不知矣錫由燕郡遷於涿郡墓不必在鄭

四日午後陰大風夜雨甚寒是日奉旨李　督辦鐵路裕祿會辦部撥二百萬爲一年興造工本云

延仲璋課兩兒辰正開館午後慕錦來

曲禮下天子以犧牛諸侯以肥牛大夫以索牛士以羊豕注犧純毛也肥養於滌索求

得而用之佩綸案宣二年左氏傳萊人使正輿子賂夙沙衛以索馬牛皆百匹杜注

索簡擇好者杜注不以鄭注釋之者以求得而用之於彼情事不合也余疑索

牛即特牛廣雅釋詁三索獨也有特之意周禮秋官掌客卿膳特牛故祭

亦以特牛雜記云上大夫之虞也少牢卒哭成事祔皆太牢是也言特牛以別於

士之羊豕天子諸侯之牲選繫養滌大夫自不能用之

十五日晴

李博霄大令來時署天津縣事晚因道拉飲拉睦氏作陪其意謂去年作山長則赴之今年辭山長亦不能不赴之也蓋出士周意

三月十六日陰

邰班卿作舟来。續谿人，廩貢生。其父輔，甲辰舉人，守隴州，殉難，贈太僕寺卿。父子均喜談兵。

余於西漢諸儒芋長子高，子高之後最推子政，既手輯其著作以志欽仰，因思漢書地理分野之學亦本於子政。地理志云：漢承百王之末，國土變改，民人遷徙，成帝時劉向略言其地分，丞相張禹使屬潁川朱贛條其風俗，猶未宣究，故輯而論之，終其本末著于篇。據此則分別九州分野乃子政之學，遂爲後世地理之祖。

地理志凡民函五常之性而其剛柔緩急音聲不同繫水土之風氣故謂之風好惡取舍動靜亡常隨君上之情欲故謂之俗此數語說風俗最精緻說文風八風也俗習也孟堅精於六書故其言明晰如此

十七日晴

獻夫來得八弟書田漢院田杭廣中板兒巷作書復之

近日盛傳接樹之法如桂則接以冬青菊則接以蒿艾余極厭之以為如呂之易嬴牛之繼馬也然其術已見於唐劉夢得詩分畦十字水接樹兩般花是矣山谷接花詩雍也本犂子仲由元鄙人升堂与入室只在一揮斤見高似孫緯略山谷之見本以禰偈為主故其詩一則曰入材邑

新舊再則曰不須要出我門下實用人才即是公道似中正而不知呂章
曾蔡之徒皆小人之有才者果引之居中則植連蔓引類必排擠
正人盤據要地而後已君子即容小人小人斷不能容君子故元祐之
世洛蜀相攻最謬然而為調停之策則更謬矣即以詩論升堂
入室均子路事雜入仲弓亦復節外生枝故余於詩不甚取山谷正
謂其識力未老耳杜陵則不然其寄嚴鄭公則云新松恨不高千
尺惡竹應須斬萬竿真稷契伊呂輩語如種萵苣詩之類分
別良莠用意極深山谷不此之學而徒求之於句法乎
十八日晴

王心齋同年（祖光）授浙江杭嘉湖道出都聞之入室鬚鬢已全白幾不相識矣義山有寄同年詩云不因醉本蘭亭在兼忘當年舊永和彼則怨在朝諸公之疏冷我則在京時於同年交游泰半公會率辭以故真有九州四海之意蓋賦性簡宗實不耐為世俗周旋也

向戌弭兵之請最為誤事子罕駁之正論振聵發聾惜乎晉之君臣塞耳不聞也穀梁傳乃曰澶淵之會中國不侵伐夷狄夷狄不入中國無侵伐八年善之也晉趙武楚屈建之力也夫屈之言和而所收之效僅僅數年何功之有其後楚靈滅陳滅蔡蠶食鯨吞而晉不能救

伯業益衰皆叶弭兵虛名有以驕淫其志而疲弱其氣也故穀梁不著之郭會而著之澶淵言外頗有婉諷之意若曰宋能成此弭兵之舉天胡為而火之歟按三十年五月宋災董以爲伯姬守節憂傷國家之患積陰生陽說甚迂曲劉子政以為聽讒殺太子痤之應所見亦小蓋明以華夷狎盟為宋之罪故以火示警耳兵猶火也而戢自焚佳兵固屬不祥然五行不能去火如五材不能廢兵故謀國者不可以不明春秋

十九日晴

答心齋

近日攷求彝鼎動直千金甚者目為周秦三代之器余極不然之蓋自漢已然史記梁孝王世家初孝王在時有罍尊直千金孝王誡後世善保罍尊無得以與人任王后欲得之平王襄直使人開府取尊罍賜之孝武以一鼎改元孝宣時美陽得鼎議薦宗廟賴張敞之言而止說文敘郡國亦往往於山川得鼎彝其銘即前代之古文皆自相似然則彝鼎之文與孔壁之書張蒼所獻之左氏古文相似豈兩書古文即今之所見之鐘鼎字乃今紛紛以意釋文甚或取以證經以說文逢之博通六攷求之殊可異也夫以梁孝王時罍尊已直千金今日得之三代之器何翅萬金乎愚妄相欺較書畫碑器之亦唐宋尤謬

二十日晴

史記伯夷列傳引采薇之詩梁曜北以史公漫舉一詩而屬之夷齊說甚淺謬且云魏麐元弔夷齊文咎二子餓死背周為非不為無見真大壞風教之言首陽山在遼西故其辭曰登彼西山采其薇矣而曜北謂西山豈得以首陽當之已屬強詞奪理論語餓死首陽民到于今稱之又曰武盡美矣未盡善也蓋以臣伐君征誅而得天下究不可以為訓故孔子身為周臣獨立此言以定萬世人臣之準而曜北敢並為此謬說竟不知名節為何物並則麐元之賦賊於孔子之言歟

二十一日晴夜有風

連日意緒鬱勃評馮注義山詩頗為玉溪剔白一洗新舊兩書之誣大致主朱長孺而辨徐湛園馮孟亭

寄唐鄂生書論再同身後家計午後范肯堂秀才當世來南通州人能為古文頗修湖北省志吳摯甫極稱之薦為合肥塾師嘗為澂蘭客

世傳香山與朱崖之貶嘗有詩記之汪立名辨其誣至衛公於香山之事則無辨之者舊書言武宗素聞居易之名及即位頗徵用之德裕言居易衰病不任朝謁因言從弟敏中辭藝類居易即日知制誥召入

翰林小說家因造衛公以如意帖香山詩有讀此悲迴吾心之說棄舊傳香山於開成四年自為墓志曰予年六十有八始患風痺之疾大中元年卒年七十六武宗即位度易年已七十兼苦風痺勢難引之入朝因推愛及其從弟衛公本無黨即史亦云衛公不以敏中為鄙疑之也此可云度易為衛公所惡乎宣宗問令狐楚之子白敏中以令狐緒有廢疾因薦綯可用豈得謂敏中有憾於緒耶　蓋權勢之地人所必爭宣既積憾于武宗衛公斷不能久於其位敏中固屬迎合揣摩之利得衛公屬耳世以敏中負衛公則造作語言反以為衛公有積憾於白傳殊可憫歎也

二十二日晴

得無圖書函剡答范肯堂

唐書鄭絪傳始盧從史陰與王承宗連和有詔歸潞從史辭潞乏糧請留軍山東李吉甫密譖絪漏言於從史帝怒學士李絳曰諫如是罪當族絪任宰相不當如此大壞恐吉甫造為醜詞以怒陛下兼史言敬憲修怨然亦何至為讒人此實誣蔑之詞也絪孫顥尚萬壽公主宣宗於顥恩寵無比而令狐綯子滈為顥婿家怙勢招權爲崖州之貶顥與有力焉（按史先貶崖州萬壽下嫁後兩月）然後知敬中綯顥之極力以傾衛公者不獨迎大中意旨亦兼脩敬憲舊

懲也個一默ゝ守位之人敬憲忌何足忌之惟羅相於元和之世而大中方
栖用元和子孫則以為上入敬憲之讒詐並造作諸言以先家衆而
覲國見醜詆為臣悍並不願于京兆無識不加刑貶何也檢舊書
鄭閭傳果無其事知其出於私家之臆説而非舊史之公言矣
贊皇公父子祖孫三世品節勳業卓然可觀不幸而遇牛李白令
狐之徒既厄衛公於漳海設誣及敬憲詆刺百端蓋當禍本肇
於牛李對策之年其進憾敬憲一脈相承有以也子京修史既不
加察溫公於作史之後亦遷僧孺而非衛公設於唐人之詆衛公者頗
采擷之於是牛李及衛公之邪正遂非淆亂無定論矣

二十三日晴午後陰有風

過晦若少坐李發赴粵寄九弟書並購粵刻數種

蜀志宗預傳諸葛瞻初統朝事廖化過預欲與預共詣瞻許預曰吾等年踰七十所竊已過但少一死耳何求於年少輩而屑屑造門耶孟光傳光謂郤正曰天下未定智意為先儲君讀書寧當傚吾等竭力博識以待訪問如博士探策講試以求爵位耶年九十餘卒向朗傳年踰八十猶手自校書刊定謬誤積聚篇卷於時最多開門接賓誘納後進但講論古義不干時事此三老者均不可及能不為時用有裨於風俗不少豈若譙周之無恥乎

二十四日晴

唐寶曆元年尊號肆赦李逢吉以李紳之故所撰赦文但云左降官已經量移者與量移不言未量移者蓋欲紳不受恩例韋處厚上疏論之乃改赦文紳獲霑恩例韋處厚作相嘗病前古有以浮議坐廢者故推擇群材往往棄瑕錄用爲時所議夫一眚而掩大德二節而棄于瑕不非用人之道況以浮議坐廢者無大過可知此正韋司空之特識乃以此爲時所議史臣從而錄之何其陋也栖國二年頗叶時譽所議止此又非所當議亦云賢相矣況以李紳事推之棄瑕者殆即此流耳何可重詆處厚乎

二十五日陰夜大風

睎民來談借雲楯蘭亭觀之有趙跡本跋傳是唐襄文物展轉

歸趙氏方節村（時恆在吳兆魯恩 岱淵堂玉虹）宋倦圃蓀口均有題識云定武瘦本

筆意不恒墨花滿紙殊与國学本相似舊存三跋則孫文介慎行

字聞斯別字淇澳董文敏陳眉公也後歸圍蔣農雲楯以二百金得之

雖不必定為瘦本並存跋林立亦足貴耳

沈子梅自滬致舊書數種力不能全置以賤值留其半餘皆歸之

二十六日晴風尚未止

花農來

于艸堂石影

近日為古文者全從八家出，然八家實從經子史出也。欲溫經以為古文之源，而疲於注疏，時以作輟。昔見外舅廷尉公每日必溫經一卷，共歎其不可及。合肥云曾文正清晨必手點史一卷，乘此暇日擬仿而行之。

劉先主流落依操，而操曰今天下英雄惟使君與操耳，又云生子當如孫仲謀。兩言中已定三分之局。武侯亦云曹操難與爭鋒，孫權可與為援而不可圖，是武侯亦知先主不能混一也。觀其以管樂自比，皆伯佐而非王佐，誅知漢不可以興，討漢賊不能殉其身。先主在許，幾為郭嘉、董昭所留；在京，幾為周瑜、魯肅所留，是其神光難掩，故遭羣忌。擬然，則李君子

屢困頓之世惟望韜采斂鍔以待時來無屑過之崖岸矣

二十七日晴

午後過譚氏借玉谿生詩意五冊閱邸抄劉銘傳以病解臺撫

漢書酷吏傳義縱少年時嘗與張次公俱攻剽為羣盜以姊義姁故拜為中郎夫表益故盜在漢初猶可言也次公與縱在武帝時竟以盜得官漢法雖嚴而用人不拘一格如此亦可異矣楊僕有邊功封侯自不宜入酷吏傳傳中但云治放尹齊以敢摯行而已使其子孫貴顯孟堅亦不復列之矣湯則以有子故楊僕以免為庶人入史例純乎炎涼誰謂孟堅良史乎

二十八日立夏夜風雷

舊唐書韋貫之傳新羅人金忠義以機巧進至少府監蔭其子為兩館生貫之持其籍不與曰工商之子不當仕忠義以藝通權倖為請者非一貫之持之愈堅既而疏陳忠義不宜汚朝籍詞理懇切竟罷去之故管子工之子恒為工商之子恒為商即在今日講求様算中公通商條令以利益何事無良工廉賈出其間惟一技有長授以官資使與士人相溷於是工不安於工商不安於商仕路因淆而工商亦無實效矣貫之之言實萬世不易之良法也特拈出之以告世之講求工巧商情者

二十九日晴

仲瑋黃臣均來

讀裴晉公傳末云晚節稍浮沉以避禍王播廣事進奉以希寵度亦掇拾羨餘以効播士君子少之後引韋厚叔南卓為補闕拾遺俾弥縫結納為自安之計而李宗閔牛僧孺不悅其所為故因度託病罷相出為襄陽節度案宗閔因晉公薦文饒忌之疑晉公晚節不至浮沉如此然即以此秦觀方掇拾弥縫為避禍自安之計而後生新進轉能藉口詆誣彼固任而轉失位則將如之何堅執之為愈乎行百里半九十老臣可以此自警也

四月初一日晴天氣過煖已易單衣

寄鶴巢子涵及家書

舊唐路隨傳韓愈撰順宗實錄說禁中事頗切直宦官惡之往往於上前言其不實累朝有詔改脩及隨進憲宗實錄後文宗以令隨刊正隨奏條示舊記最錯誤者宜付史官詳定禁中事尋訪根柢蓋起謀傳譌非信史宜令史官詳正刊去今舊紀仍著韓書而與韓集詳略互異溫公考異謂嘗見目順宗實錄有七本皆題韓撰五本略而二本詳編紀者兩存之中多異同至新史則采掇無遺又韓集所載乃李漢不編而朱子仍以韓集詳者

並於葉中本初無甚切直之處殆亦删削之餘耳

初二日晴

至臨若處少坐申刻范肯堂來夜得高陽師書及楊椒山書一卷

書劉布莪公子行有高鳳翰謝寶樹跋

初三日晴

心緒甚劣樓樓竟日

書咨十有二牧曰惇德允元而難任人蠻夷率服史記命十二牧論帝德行

厚德遠佞人則蠻夷率服顏淵問為邦亦曰放鄭聲遠佞人夫遠佞

即能使蠻夷服從古之識時務者必以為迂矣不知此古今之論也其

時四凶既放四門已闢天子之側亡無佞人故文明說十二牧亦以遠佞人為訓
蓋恐佞人不升王廷而在牧伯左右亦足為害防微杜漸可謂深切著明
孔子以告顏子乃內聖外王之學亦云佞人不遠則雖備四代之制度而
不足以為治也佞人來矣佞人來矣公羊之傳春秋真得古意也今
日洋務論之肇釁之由大率皆德左右均有漢奸為之耳目為之
線大氐閩海要害皆有漢奸為之鉤通防則將帥之側佞人主事
而防無實際商則市廛之中佞人司權而商為漏卮諸公卿之以
不談洋務者為迂儒而佞人則皆善於揣摩迎合以洋務為
進身之梯者也亦惟昧古帝王聖賢遠佞之言乎

初四日晴

柳質卿同年自浙來

明堂位是故魯王禮也天下傳之久矣君臣未嘗相弒也禮樂刑法政俗未嘗相變也天下以為有道之國是故天下資禮樂焉鄭注春秋時魯三君弒又士之有誄由莊公始婦人髽而弔始於臺駘云君臣未嘗相弒政俗未嘗相變亦近誣矣俶倫叢擾此則明堂位篇乃春秋以前書也蓋古魯國之禮文而采之入記者不得以春秋之事斷之疑為近誣鄭目錄曰此於別錄屬明堂陰陽此與管子幼官篇皆古陰陽家之遺文耳

初五日晴

合肥約至晦若處少坐後高陽書

余少日學詩從香嚴丈授以小倉山房詩讀之後乃旁涉錢白諸家

而於國朝最愛竹垞不喜漁洋稍治隨園說也入都從如子儁孝選

詞學隨園遂不復瀏覽年來偶一閱之則隨園詩僅有功夫未可輕

貶阮文達孫蓮水詩序隨園之才力大矣門徑廣矣有醇而肆者

亦有未醇而肆者學之者不善益其肆而肆焉以爲出乎隨園而

隨園不受也即不敢肆至詞而遺其醇焉以爲出乎隨園而隨園

亦不受也至論可謂精到允確

初六日晴 毛太淑人忌日

竟日枯坐

初七日晴酷熱似初伏夜有風

韓民來談

史通直書篇當宣景開基之始曹馬構紛之際或列營渭曲見屈武侯或發仗雲臺取傷成濟陳壽王隱咸杜口而無言陸機虞預各栖毫而靡述至習鑿齒乃申以死葛走達之說抽戈犯蹕之言歷代厚誣一朝如雪考斯人之書蓋近古之遺直歟案武侯傳云及軍退宣王案行其營壘處所曰天下奇才也與晉之祖對壘

即借其祖之言以實之後申之所遇或值人傑使其意不盡言之隱一覽可知承祚實具苦心于成濟之事承祚自難直書觸忤犯直錄皇太后令云賴宗廟之靈沈業即馳語大將軍得先嚴警而此兒便將左右出雲龍門雷戰鼓躬自拔刀與左右雜衛共入兵陣間為前鋒所害此兒既行悖逆不道而又自陷大禍重令吾悼心不可言仍當日舊史之文而所云嚴警則固着無君之心而為前鋒所害明是抽戈犯蹕在當日秉筆者亦自天良未滅故壽但詳錄之而微意之迹自不能掩也子先於承祚所處之地當未深思一味刻嚴過矣

初八日晴晨微雨為風所散

史記貨殖傳吳楚七國兵起時長安中列侯封君行從軍旅齎貸子錢子錢家以關東成敗未決莫肯與唯無鹽氏出捐千金貸其息什之三月吳楚平一歲之中則無鹽氏之息什倍案息雖至重惟子必不過於母索隱謂出一得十倍此算有借一還十之理此蓋謂稅舊息什之如內以三釐行息今則以三分也而以四釐今則以四分也然則貸錢無救於貧而在家則家愈貧在國則國愈貧亦可想矣近日洋債之說大盛至於入都墜見諸公亦皆貸洋債以應急視載寶而行者尤甚噫世風日下可慨也

初九日陰大風時作此三日可衣棉

得黃錢生秦生書以再同墓誌相屬從其生前書識也

高貴紀文錄昭奏云成倅弟太子舍人濟橫入兵陣傷公出戾悖逆干國亂紀罪不容誅是昭已自納供狀矣承祚微婉之筆故予元本帙數會也后妃傳於明元郭皇后則曰值三主幼弱宰輔統政與奪大事必先咨啓於太后而後施行則一切詔令皆假太后為名千載之後自然明白所謂承祚於此無之抑豈之微述乎壽之長在三國志為內外之辭各存其真予元故謂史氏諺寫又與謂之詳寫均屬失之至曹馬之際固有不能直言無忌者矣

初十日晴

合肥以朱蘭坡先生所選古文彙抄見畀乃浙中一道員所餽者

宋綬傳綬為參知政事章惠皇后嘗建道觀諫官御史皆言近詔罷修寺觀而復有此修造是詔令數更也仁宗曰此太后自出奩中物亦綬因曰是豈知太后所為但見忽興土木違近詔亦

太祖嘗謂唐太宗受人諫疏直詆其罪曾不為恥豈若自不為之而使人無言詳繹聖祖之言常防外廷之議綬於章獻時以忤意徙官後能為此言洵為賢相惜道觀甚盛嚴貴傳竟略之耳益甚其言足為興土木者戒也

十一日晴

范希文負天下望盛元昊以書求和仲淹亦謂無事請和難信上書看僭號不可以聞乃自為書令去僭號元昊復有書不遜仲淹焚其書不以聞坐奪一官知耀州此舉所失甚鉅然遽以懲之未為過也觀武侯得魏臣書不報而作正議此真漢相身分夏之於宋豈若魏之於蜀乎當時軍中語曰軍中有一韓西人聞之心骨寒軍中有一范西賊聞之驚破膽此自三軍媚其主帥之謠西人實未之寒膽破也讀史至此止覺其可笑不覺其可敬故吾於有宋不甚取希文

十二日晴

守山閣叢書刻大唐西域記十二卷　四庫提要謂天西域咸隸版籍西域圖志一一徵實傳信此書音譯既多乖舛而侈陳靈怪尤爲誕漫無稽然山川道里頗有足備考證者然國朝所得者新疆西藏廓爾喀五印度實未入版圖也今英人踞之時有窺滇入藏之計則五印度山川險要亦今時務之亟釋地者所宜留意也佛國靈奇漢唐以來極意崇奉今爲島夷所據菩提貝葉盡爲覆瓿梵宇琳宮盡爲洋房青獅白象一乘馴之菩薩金剛一乘奴之呼

十三日晴

沈子梅自上海來買得文選樓叢書陸宣自塞上還得槃山書知

風疾已痊

說文有部有不宜有也春秋傳曰日月有食之从月又聲凡有之屬皆从有段氏曰謂本是不當有而有之偁引伸遂為凡有之偁凡春秋書有者皆有字之本義也案下文䵶有文章也龓兼有也豈得訓為不宜有彧彰不宜兼有乎以本義釋有字即以引伸義釋從有之字說文之例不應雜亂若此有字之見於經者莫古於大有雜卦傳大有眾也豈得云大不宜有乎疑當作丕宜有也說文丕大也以丕訓有

卯易之大有小雅裳〻者華篇左〻〻〻君子宜之右〻〻〻君子有〻維其

有〻是以似〻正義經總云有〻以〻者皆有也無宜有互訓之隱有無

相對不應段借為之也存此說以俟精於小学者

丁公雅有管子要略五篇見於玉海東都事略傳著邇英聖覽十卷

龜鑑精義十二卷慶曆兵錄五卷編年總錄八卷而不及要略

何也仁宗嘗問用人以資與才孰先度曰承平時用資邊事未平用

才諫官孫甫乃謂度自求樞用宜杜邪佞之不答仁宗曰度在侍十

五年數論天下事未嘗及其私豈有是哉余謂公雅此言極要

孫甫之劾不近於深文周內乎

十四日晴

沈子梅復來章宜甫解延慶奉親南旋殊可羨也葛香臣之眷亦扶柩隨之而還香臣者琴生幕友也工刑識也

韓詩外傳曰智如源泉行可以為儀表者人師也此言師嚴然後道尊相歎明漢之經師無不尊嚴可為儀表者非徒解經不窮也其後師道日廢徒以學術相尚而不問其行誼於是張禹之徒遂為帝師而便之經筵遂有師弟相嫌者終身黎以師說挽之無益也應璩百一詩曰子弟可不慎之在選師友師友必良德中才可進誘無願世之為人兄者欲以佳子弟先在擇良師而更取浮夸之士不如延樣

厚之儒尚不足誤子弟耳

十五日晴晚微陰

合肥來

命大閱海軍酉刻乘海晏輪候潮于昨日出大沽幕中于式枚陳重威

從行

十六日雨

許應騤祥麟授倉場譚鍾麟以尚書銜補吏部右侍郎

連日因錄塞上詩未及評樊南詩也夜少暇復理之義山有數櫻桃詩

及櫻桃答詩殊不可解大抵為刺鄭顥之作惟有鄭櫻桃已明點

矣又有代盧家人呈狀內有上送因時作顥已昏盧氏因選尚萬
壽公主堂帖追還也鄭顥恃寵經營作相決非端人令狐綯與
之為姻家交通賄賂義山自繫其事故有此詩盈寧無謂
玉溪諂附令狐竟不相答殊可恨也

十七日晴

閱海上有霧合肥到旅順已薄暮矣

十八日晴

午後曝氏來談復錦生秦生書
陳光作陸賈論謂賈乃儒者非辯士大意以馬上得之詎可以馬上治

之兩經規漢王為定漢初基甚於叔孫通儀蕭何定律以天下安注意相天下危注意將兩經皆由道為平原君謀甚於絳侯入軍朱虛奪節余頗取之近日新語或疑其未盡聖人居高處上則以仁義為巢乘危履傾則以仁義為杖亦儒家粹語也觀其兩使南越說佗之本撓卒使佗奉臣稱去帝号國不僅游說之力大使材甚全安得如賈者而銜命殊方乎吾嘗謂李陵皆如蘇武可謂不辱君命矣然成一節而不了公家事若盡如隨何陸賈其益實過於子卿也乃士大夫使絕域者率以浮華之士應之上不能如賈下不能如武賤則賞優褒重矣如何如何

十九日夜有風

得仲弟書陳文祺入都寄廉生書索會典館條例為再同作墓志

楚辭伍舉曰德義不行則邇者騷離而遠者距違注騷愁也離畔也伍舉所謂騷離屈平所謂離騷皆楚言也楊雄為畔牢愁正楚語注所本

史記楚懷王使屈平為憲令草稿未定上官大夫見欲奪之不與乃讒曰平為令眾莫不知王怒疏平平既奉王命為令上官豈能奪之殆恐有不便於己者屬平改之耳觀此平乃法家耳余不甚喜離騷以平學術涵養猶非儒者也

二十日晴

復八弟一函 郵班卿米錢 得壽伯弟書 冨竹坡長子

班卿亦嘗治穀梁子 其言齊桓公伐山戎以山戎病燕 此燕乃南燕非北燕 以左氏

傳莊三十年公及齊侯遇于魯濟 傳曰遇于魯濟 謀山戎也 以其病燕故也

公羊傳莊三十一年六月齊侯來獻戎捷 齊大國也 曷為親來獻戎捷 威我

也 其威我奈何 旗獲而過我也 齊伐病北燕 與之山戎無須遠謀於魯 蹤之

不必迂道於魯 明是燕為南燕 山戎當在太行山東之戎 對中國言之則

曰北戎 非在北平之無終也 其說甚辨 蓋從俞理初燕師所完解悟出 春

秋書南燕曰燕 書北燕曰北燕 本分明也 然以桓公所救之燕為北燕 不獨

管子為並穀梁傳桓內無因國外無從諸侯而越千里之險北伐山戎危之
也則非之乎善之也何善乎尒燕周之分子也貢職不至山戎謂之伐矣史
記齊燕世家亦曰伐山戎至于孤竹燕世家燕伐周之南燕亦以為北燕也而說
並行在西漢時竟無從發定一是耳故余於畢耳之谿略發其端不
料班卿竟專主南燕言之鑿鑿以悲

二十一日陰 又袷衣

復伯茀書簡竹坡遺稿以手評玉谿生詩送曎氏一勘曎氏專學玉
谿也

韓詩外傳余篤好之其論詩王猷允塞徐方既來謂事強暴之國難使

強暴之國事我易事之則寶單而交不結約定而反無日割賂而欲無厭政明至不道也上下一心三軍同力仁形義立教誠愛深而強暴之國必赤子睞慈母甘之謀國者必以擇此為腐儒之見其恃寶納割地之端果能立國乎蓋亦反其本矣

辛酉晴

過永詩談

子產有言夫大國之人令於小國而皆獲其求將何以給之一共一否為罪滋大大國之求無禮以斥之何饜之有鄭介晉楚之間而子產能為此言故兩大無由生隙故知交鄰之道非一味諂媚所能持久也小國正

並況大剛乎

儒行篇其過失可微辨而不可面數也其剛毅有如此者夫儒者有過亦賴直諒之友規之其人必甚善道固所樂受即苦口逆耳更所樂從若不可面數則其辭必至不聞善言而止豈儒者奉為所以抱願直諫而其自處轉深閉固拒如是充其量訑訑之聲音顏色亦可謂之剛毅乎既損壞高儒者身分而將失儒者謙沖集益之度量悲非聖人之言

二十三日陰

內舅臣來談

天下本富莫切近於農桑北方農功之惰一時驟難挽廻一由於水利之不興一由於農政之不講蓋水渠所還皆各有富户安知力農重以本朝圈地莊頭輩上誑王公下欺民户以水旱荒歉諉之於天甚可怪異也余嘗博攷北方農荒之故為說一篇以語為官為紳者然余亦不能踐其言也予冀州桑土既蠶見於禹貢今亦廢弛婦女終日逸居夫役之如奴隸非不畏順而習蠶之外茫然不知飼蠶之法鄉閭無知之者其病則蔥蒜燒酒之氣皆足以害蠶余推求其故當以原蠶有禁北方以養馬故遂不養蠶蓋漸染遺風致耳然如近豫東各郡似可仿野桑生繭之法行之如豐潤玉田地本肥美宜蠶果木之園林亦無不可推行

蠶桑者非以木棉紡織之利亦甚易舉而政有司膜不關心殊可慨也合肥細汪仲伊說教民種桑議已下而章竟中止尤為可惜回為首穀去人及内人論蠶桑偶筆二之

二十四日陰

五帝本紀太史公曰學者多稱五帝尚矣然尚書獨載堯以來而百家言黃帝其言不雅馴薦紳先生難言之孔子所傳宰予問五帝德及帝繫姓儒者或不傳余嘗西至空峒北過涿鹿東漸於海南浮江淮矣至長老皆各往往稱黃帝堯舜之處風教固殊焉總之不離古文者近是此古文謂古文尚書也承上而言獨載堯以來故

者尚書二字耳索隱謂古文即帝德帝系二書非也下文又云予觀春秋國語其發明五帝德帝繫姓章矣顧弟弗深考其所表見皆不虛書缺有間矣其軼乃時時見於他說非好學深思心知其意固難為淺見寡聞者道也余并論次擇其言尤雅者著于篇蓋太史公本五帝德及帝繫姓以作五帝本紀堯舜則取古文尚書黃帝顓頊高辛則兼取百家而擇其尤雅者以與春秋國語相發極為明白何錢氏以予長所傳乃夏侯歐陽尚書非古文乎其自敘曰年十歲則誦古文蓋兼古文尚書左傳國語系本而言惟其能識古文故太史所藏之書皆能讀之其從孔安國問故特互相引證而已太史公

于艸堂石影

學術最博談則學天官受易習道論遷則尚書左氏公羊校閱於黃生

從探五帝繼帝繫姓論語孟子荀卿晏老莊申韓司馬法無不兼綜條貫蓋

以儒者承其父道家天文之傳而兼通百家也西漢之世一人而已子政不

能望其肩背況班孟堅乎余別有史公學術攷詳之

二十五日晴

至范肯堂處小坐歸阜民來潘子靜嶟至午後寄頌式書時跂稍

州同贊臣來

列女傳曰楚伐息破之虜其君使守門將妻其夫人而納之于宮楚王出

游夫人遂見息君曰人生要死而已生離于地上豈若死歸于地下哉乃

作詩曰穀則異室死則同穴有如不信有如皦日遂夫婦俱自殺楚王賢

之乃以諸侯禮合葬之班固古今人表与許夫人楚貞[illegible]妾並列中

品与左傳相紀貞淫迥別魏默深先生詩古微主魯詩說定左傳爲子

一說

駁所竄且釋前兩章大車爲檻車云被虜載以檻車也毳衣子男之

又曰大車

車服也宋息君也子蘖子也帝息非人也殺之毛傳鄭箋爲貞楚息夫人

有廟在楚非其夙著節烈安能立廟杜牧之詩至竟息亡緣底事可憐

金谷墮樓人不知息夫人更烈於綠珠也此亦足以雪千古之誣而杜後人之

喙矣余嘗謂婦人之節殺男子之亦無所誣譏丁人淺語居然和之其罷即不能自

所以志書中標殺烈婦往往被禍非幽魂果能爲厲實天道神明不昧

不謀之也極貞節之不當爲淫是同金谷之國非似畢報以燮乎了

二十六日晴

得九弟四月初十日書寄巢山一函

從來名人不必定有賢子如虞翻謫海而諸子同知名東坡之子叔黨尚最賢可謂積善餘慶其他則賢少而不肖多豈名固造物所忌耶抑或諭教未至也淵明有責子詩而諸子果無達者義山驕兒詩頗小待之而蔡寬夫詩話謂白樂天喜義山詩願為其子義山生子遂以白老名之既長殊無文性溫庭筠戲之曰以爾為白老後身不亦忝乎不知即袞師否袞師亦無所表見也

張湯之父見湯劾鼠文辭如老吏更當笑之乃遂使書獄所以

陽入酷吏傳中此敎之非其道也曹參因其子窋言無以請事何以

憂天下遂笞之曰趣入侍天下事非汝所當言此教之得其分也又為

丞相子豈宜預聞相事乎

二十七日陰

夜王楓臣自宣化來知樂世病甚危篤因招仲輝來余齋中錄談至三鼓始

寸書石臞之有

二十八日晴

寄聘之書

偶讀羊山鯀說曰堯咨孰能治水四岳皆對曰鯀鯀在則在廷之臣可治水者

惟鯀耳當此之時禹蓋尚少而舜猶伏于下也夫堯之聰明仁賢其

求治水之急也而相遇之急如此後之不遇者亦可以無憾矣節錄此蓋

為開直河而叢棘余以為堯以天下傳舜羣臣實有不服如數之所

淫于家國殄厥世其一也次則為鯀呂氏春秋行論篇堯以天下讓

舜鯀為諸侯怒於堯曰得天之道者為帝得地之道者為三公

今我得地之道而不以我為三公以堯為失論欲得三公怒甚猛獸欲

以為亂比獸之角能以為城舉其尾能以為旌召之不來仿佯於

野以患帝舜於是殛之於羽山副之以吳刀禹不敢怨而反事之官

為司空云云諸子所傳皆秦未焚書以前之說是鯀死不敢治水

乃不肯為舜治水也觀鯀化為黃熊鯀之如此人無擇自投清泠之淵未必因舜矣刀劚之故焉遂世其官平平水患於以地道為三公繼以天道禪帝位非枝辭矣三疑實以述父之志繼父之事也鯀不以禪代為然因觀一節離未同堯舜以天下之意然一以事一主為古之賢臣也狀

二十九日晴

得安圃第二書聘之圃去云樂山略愈晚與仲瑋答楓臣

淮南王術訓蘧伯玉為相子貢往觀之曰何以治國曰以弗治治之簡子欲伐衛使史黯往觀焉曰蘧伯玉為相未可以加兵固塞險阻何

淮南子之呂氏春秋注難
蕭山有史鰌佐焉孔子為
客子貢使令於君前甚忙
數語高誘注伯玉衛大夫
蘧瑗莊子無咎之子瑗謚
曰成子伯玉之世系及謚
僅見於此

且以政之伯玉為相之傳俱無此說不知何本

三十日晴

表記子曰君子不以色親人情疏而貌親在小人則穿窬之盜也與子曰情欲信辭欲巧鄭注巧謂順而說也疏與巧言令色異案孔疏非也詩及論語巧言皆謂小人未有屬之君子者此情欲信辭欲巧足上意謂以色親人者情則欲人之信己故辭欲巧以助其色不足正是巧言令色足恭一輩耳天下安有外篤而流之君子哉有色厲而內荏之小人有情疏而貌親之小人孔子均斥為穿窬之盜盜亦有道若輩於盜中特穿窬者耳鄙之甚矣

五月初一日晴

楓臣來得吉雲舫書以牛乳餅八盒寄伯潛

魏默深庸易通義謂安溪李氏深於易故中庸餘論專以易道發揮可謂精微廣大曲暢旁通故廣李氏之義於中庸之通易者標舉數章於後按康成中庸注於祖述堯舜節以志在春秋行在孝經發明之余嘗推之詩書禮而惠氏周易述已闡庸易相通之蘊子思之學於經並文王之德之純直以文王比天此周公宗祀文王明堂之旨即聖人繫易之旨而惠氏魏氏均未及之安谿之書余未見不知嘗言之否文王之德論語中庸兩貫為臣為君之道賢于堯舜矣

初二日陰有風急雨一陣天氣頗涼

午後楊玉書來時新授河南歸德鎮總兵

漢右北平郡之縣十六至後漢僅存其四縣志以豐潤為土垠無終二縣地又以開平之石城廢縣為漢縣不應一邑而兼三縣之地顧亭林日知錄云遼史灤州統縣三其三曰石城唐萬歲通天元年改石城縣在灤州南三十里今縣在其南五十里遼徙置以就鹽官今開平中屯衛即遼石城廢縣本猶非漢之石城且非唐之石城也錢坫漢地理志斠詮謂石成今奉天府西北地水經注白狼水所逕者也今水在府西北邊外合大遼水似与水經注原流又異按水經注石城川水出西南石城山東流逕石城縣故城南地理

志在北平有石城縣據此則鄙以為漢之石城 北屈徑白狼山又按三國志公出盧龍塹山堙谷五百餘里未至柳城二百里与蹋頓遇公登白狼山望柳城云云則白狼山在柳城之西二百里盧龍之東三百里石城縣又在白狼山之南何得在奉天邊外乎且魏志云上徐無山五百餘里經白檀歷平岡涉鮮卑庭錢以平岡在永平東北四百里白檀在密雲縣南二十里而徐無則在今遵化州東密雲在遵化之西永平在遵化之東豈得由遵化經密雲以至永平之東北乎殊可笑也大要於方地理諸書均不能詳盡余思考之而業未及也

初三日晴

晚合肥回津初二在海上遇大風甚危險夜梅若來

默深先生詩古微申三家而抑毛鄭，然筆力橫絕，足以自申其說。其
書古微亦有心得，而舜典、太誓補亡則涉於意造矣。以詩論，毛
三家本不必盡同，豈得謂毛皆誤而三家皆是。以書論，杜林所傳古文
尚書其解釋不必盡同伏孔，豈得謂先梅賾而僞造，蓋子政七
錄阮比班氏於經術源流敘次不免闕略，范史隨其傳經之家
學而修史，又不得作史之學識，而頗刪舊史，於是東漢之經學
亡，傳之失真。大欲抹倒賈鄭，於二千年後孤行其趣，以求西漢
經師名為微言大義，實則專己守殘。竊謂乾嘉諸公漢學
已極精極備，生其後者求日不精之異同，務必盡西漢東漢之

昨以爲之衛無以西都爲賓東都爲之國非以東都爲賓西都爲
之六夫之國自宜漢宋兼綜不必立戶分明諸州嶺凌競之派也
論刪書之優劣則書在微更不如詩在微以書在微遂有意作
棱耳

初四日陰夜大雨

高陽寄食物四種作書復之雲楣驛夫回來得聘之書知案山
漸愈

宋書劉穆之傳高祖書素拙穆之曰此雖小事然宣被四遠願公
小復留意高祖既不能厝意又稟分有在乃曰但縱筆為大字一字

徑尺無嫌大既已有所遺且其名亦美島程徑之一島不過六七字便滿

竊疑大字更難於小字島程既抄於書使作大字不更拙乎此目

安傳之語而休文性喜種宋校錄之文史耳

初五日陰夜雨甚快

鐵路利害紛如聚訟而外可守不言之戒近有創膠萊鐵路之說者

謂可辟成山之險而以鐵路用起重機器載輪船而北渡之失笑夫閘

膠萊河辟外洋徑內洋乃元初之故蹟劉應節崔旦之餘說河不易開

魏默深先生之潤之矣當輪舟暢行之日無故繞道迂回令舟就

車正恐以路載重之輪舟轉而出洋有[illegible]法不可了而

誒誒者淡淡有味亦可謂不昧事理矣

初六日陰時有微雨

顧廷一來王楓臣于晦若來此久坐寄安圃經四五兩書四由驛五附都中書

默深先生所著詩古微書古微余既竭數日之力讀之因思易為秦火所遺淵源最正宜取西漢易說裁擇為易古微以存三聖人大義之萬一乃本朝說易諸家如惠氏漢學周易述任及荀虞張氏止述集解類抄褘陸姚付虞先生默而好湛深之思其於易先虞後鄭以及西漢舊說可謂詳矣惜其以東漢為注反以西漢為疏因而旁及諸子汪濫無歸成一家之言而轉奈千古之緒亦非經

師授受之正也據以攷易服祀之服兼擬西漢易證積久成編帖

識歲月以待之

初七日陰夜大雨

黃花農沈子梅均來偉平前輩自都引見回復高陽書寄杭

杷四簍

漢光武紀之長安受尚書略通大義明紀師事桓榮學通尚書十歲能通

春秋不知何傳殆無師法章紀任言好儒術和紀無所稱安紀年十歲好學史書

桓帝則以好音樂著順靈獻皆無聞蓋東京帝學之衰更甚於

西京也而明德馬后則能誦易好讀楚辭尤善周官董仲舒書

和熹鄧后則能史書通諳論語自入宮掖後從曹大家受經書兼天文算數故東觀教令文辭粲然可觀

和熹紀詔中官近臣於東觀受讀經傳以教授宮人左右習誦朝夕濟濟許沖獻說文書慎前以詔書校東觀教小黃門孟生李喜等以文字未定未奏上今慎已病遣臣齎詣闕夫使黃門官人相通經傳想見宮閫教化之盛非如劉珍等皆經術湛深乃令其為黃門教授亦可謂輕朝廷羞當世之士矣疑許君不肯自貶其節故託以文字未定不即奏上而旋已病辭官而去觀說文之上僅賜布四十匹知已悖中旨而許君之意微婉世竟無表之者爰闡其幽於此

初八日晴

仲彭來談

檢書偶取曾文正求闕齋文鈔讀之。文正與許仙屏書論古文，以爲欲著字之古，宜研究爾雅、說文、小學訓詁之書；欲造句之古，宜仿效漢書、文選；欲分段之古，宜熟讀班、馬、韓、歐之作；欲謀篇之古，則羣經諸子以至近世名家，莫不各有匠心章法。復吳廣文敏樹書謂惜抱才稍困，爲百年正宗，亦可與海峰並傳。所言揚積，甚有得之言。其文亦堅勁雄直，卓爾不羣，即不以功業論，亦同治以來一作手也。公之學以禮爲宗，天資不如學力，高山仰止，慨慕久之。

佩倫纂集古人論文之語觀之最為有益曾南豐謂陳后山曰要當止置他書熟讀史記兩三年馬子才甫書云歐公更欲其少閑廓其文而用遠語及摹擬前人韓孟之文雖高不必似之也取其自然耳譜溪詩話云老坡作文工於命意必超然獨立於眾人之上李方叔云東坡教人讀戰國策學說利害讀賈誼晁錯趙充國章疏學論事讀莊子學論理性又須熟讀論語孟子禮記要志趣正當讀韓柳文記得數百篇要知作文體面其他精語甚多姑擇數則以為初學之範

初九日晴

伯平霽楨黃石來談過晦若談未數語即歸午後容民晦若相繼

來談

本朝崇尚漢學孫芝房之論謂紅巾之亂由漢學啟之然洋粵捻回四起其弊在道光末年文武酣嬉恐其弊不得歸咎於一二儒生也獨中興以來漢學已成贅疣宋學更成絕響而舉世滔滔大氐有文無行之徒起而攘臂大為風俗人心之害更有洋學興於其間以外洋無父無君之理而飾以中國之文字害更深於楊墨佛老吾恐數十年後堯舜周孔之教必為耶穌天主所漸甚而潰經乖義不於秦火者其將亡於洋氣也以政教言之言自強者無非西法是尚求其能通古今制策以自強者無有也而陋儒則惟空言無濟何

小楷日摺摺見根根而以治平可期脩攘此可慮者一以風俗言之布帛淺針無一不西洋是尚而銀錢之流出外洋無人過問不久必錢用券此可慮者二士大夫以讀書自命者大不讀經傳以不究精算稍稍能文便狂于言而謟于行不知禮義廉恥為何物敗名喪檢且更甚于顯叢其可慮者三丁男譽嘐氣更溺于綠營銀著分之時欲賣及西洋談佛色姿貌為大言亦且全無條理此可慮者四工匠無不便於購洋人器械而洋開價值不能製造又不能製製之造造羨冀其仿而利未興其可慮者五吾邑而以空文自見是空文之能不自見為當視半世運孔于日微禍吾受魚徵營吾其左衽今之懷退於涕水危

於荊蠻安得神禹管仲復生乎

初十日 晴

晚與合肥論洋布機器局事甚愜余已屢棄分當不交人事而貧困無聊遇事又不能默默非逸非隱殊自愧也

半山詩頗有獨到處其題淮西碑云桓桓晉公忠且壯時命適與功名皆無限古今成敗之感約入七字中義山韓碑極意鋪排究丞書記語矣杜陵云書貴瘦硬方通神昌黎云羲之俗書逞姿媚至東坡則云環肥燕瘦各有態皆有獨見半山題顏公壞碑則云但疑技巧有天得不必勉強方通神殊不凡也

意其為人實有圖蓋一切之槩故出辭如此世傳其囚首垢面

書如驟雨驚風恐非實了柳能言而不能踐耶

十一日晴 昨夜左髀作痛不能成寐 午後用雷氣治之

約楚寶來談晚伯平辭回大名

元鼎五年詔曰辛卯夜若景光十有二明易曰先甲三日後甲三日朕甚念

年歲未咸登飭躬齋戒丁酉拜況于郊 應劭曰先甲三日辛也後甲三日

丁也據此則盤文乃郊時齋戒之象此西漢易家古義故漢武詔用

之若枚殷禮則殷之郊禮必用丁也

十二日晴

漢成實賢主，使非外戚專權，張禹爲傅，得賢臣輔之，直以爲善。觀朱雲在元帝之世，已與陳咸廢錮，及帝世上書求見，帝即見之，使拒而不見，雲能欲請上方斬馬劍以斬張禹，豈能聞於堂上哉？其言既出，縱死猶榮，況旋已意解乎？劉向以上無繼嗣，政由王氏，上書極諫，天子召見向，歎息悲傷其意，謂曰：君且休矣，吾將思之。雖絀於王氏，不能用向，並使向之言必得禍，似尚能審國機密者，惜其終爲權臣所蔽也。至於哀帝一紀，尤多可疑。贊云：雅性不好聲色，即位痿痹，末年寖劇，而董賢傳則云常與上臥起，偏藉上褏，又召賢女弟以爲昭儀，此何故也？袁子才疑之，惜下未詳說，太覺文。

雖

蓋上之痿痹屬實，而其意則在抑王氏以收其權，無如大臣皆拘文

韋義舊學如師丹孔嚴如傅喜皆不測其意旨相繼罷去羣邪無非
虛名尸位之庸臣不得已而稍拔用新進若龔其爲我腹心直臣美麗自
喜之董賢轉來羣嫉而主勢益孤主德益損暮景搖惑任入閹護
宋崇之流徼幸盈朝而漢亡徵見矣然則哀之失不在多欲而在游移
賢之罪不在倍棄而在無具使哀帝當日勵精圖治柄用賢臣法不徵
還王氏豫擇宗室賢者立爲太子以定根本邪元后在內而羣材共輔
國本已堅即十莽豈能乘閒而入哉以不圖身既夭折廟及祖父而世
而大統亦隨以傾亡何以見孝成於地下乎

十三日晴

沈子梅、顧曝民相次來談。晚楚寶來，深閱其文，何學？日學鮑謝，雖蕪似不
與曝民談莊義甚合。曝民言凡著一書成一詩，若無關於一時風氣
之盛衰、一代政事之治亂，詢不足存。謂潛夫論、玉谿詩皆是也。語頗有
意。余就所究心諸書推之，如易則殷周之際，文王憂殷之將亡，而祖伊同
歎，三百八十四爻反復長言以感悟帝辛，故其書可以為經。春秋則周秦
之際，孔子知春秋之將為戰國，百家之將亂吾儒，故二百四十年反覆長
言存亡內聖外王之理，故聖人所以為萬世師。莊子則專為楚毀存
儒道兩家之微之大義，於書中所見已小矣。然非係乎盛衰治亂者
實不足觀。初唐不如杜，以杜即史也。溫不如李，以李有時事也。黃不如蘇，以蘇

非兩黨遺逸者詳也至元明之後家為一集人為一書知此者鮮矣

十四日陰有急雨一陣

南中教案迭起江蘇安徽江西湖北不下數十處

新莽之篡宗室乃頌功德僅翟義一人首先起兵可謂漢之忠臣乃漢

書翟方進傳於篇末述敘童謠以郡中怨方進請陂下田由不得而

奏罷陂猶以為鄉里歸惡之言而宗外若無翟氏之覆宗為快者

班叔皮之贊亦曰義不量力懷忠憤發以隕其宗悲夫夫懷忠憤發

豈得曰量力而後舉事某後平林新市及伯升之起亦皆曰量力者若

人人得量力而始起兵則亂臣賊子亦無見誅之日矣非反作亡命

論者亦所見如此乎

十五日晴午後陰 是日丑刻夏至

得樂山一帋知病已見愈

前論漢哀一則適館師以孔光論課兒輩讀兒論頗深至大致以立

中山沮傅太后尊號得附王氏而不能尋出證據余以哀紀推之孝哀之

立乃成帝特賞趙皇后昭儀助成之王根陰自結於傅太后不盡由傅

太后之賂遺而况非元后之本意也元后與傅太后本有嫌觀王鳳因

日蝕遣共王之國可證且哀帝既立元后敕莽避帝外家其不悅之意

可想故光得微指始請中山既知迎潤不見用聊以避禍而免官陶陶

嘗也亦不料孝哀之竟立光之相雖至孝成之刻侯以書責而仍夕帝崩非元后之力不能遂立正既有嫌於孝哀故屢徵傅太后不獨爲王氏亦以目爲興師丹傳喜之正論不撓有間矣班氏亦是王莽親敘傳伯由王鳳薦得召見莽少與穉兄弟同列友善兄事斿而弟畜穉斿之卒也脩緦麻賻賵甚厚則其交深誼密可知故成帝季年立定陶王爲太子數遣中盾問近臣穉獨不敢答豈非王氏不欲立哀帝之明證乎故哀帝即位光嶷相而穉亦出爲西河屬國都尉也賴董賢傳所記哀帝亦不甚疑班氏以其祖不得志於哀帝故揚其惡耳世動以史遷爲謗書而不知班氏之更爲謗書也吁

十六日晴午後頗熱有微雨浴

得高陽書修理管注並無養性之樂至是始定日注管而夜讀書或詩或文不重攷證以暢其趣

魏默深先生謂橫雲山人明史稿是非失實因之按萬季野先生家傳云季野力辭鴻博以布衣參史局不署銜不食俸史稿五百卷皆出其手疑祀南柳北自季野之然不始橫雲也吾鄉谷霖蒼輯明史紀事本末惜於故鄉人物別無一書蓋有明三百年直隸士大夫嘉言懿行湮沒者不少耳紀文達負一代博學之名而不著書於乾嘉以前鄉先正文采風流亡無紀述蓋其人質直不善標榜也

十七日薄莫雷雨一陣

倭國均云徐福之後，而魏略則云倭人自稱太伯之後，見通典。自是譯者妄傳，彼中豈知附會譜系乎

元和郡縣志於吾里獨在闕卷中，攷通典州郡八，玉田屬漁陽郡，石城屬北平郡，是吾邑當兼唐玉田、石城兩縣之邊畛也

十八日晴

仲璋屬小篆印四，得廉生書

讀介甫詩盡一卷

介甫白溝行，棘門灞上徒兒戲，李牧廉頗莫更論。鴈湖注引歐陽公奏疏

外以李昭亮王克基當契丹，內以曹琮李用和等衛天子，安得不取笑四夷

又引沈文通聖徽之漁陽圖詩云：燕山自是漢家地，北望分明掌股間，謂

沈之公所善想當時諸賢皆有興及意，竊味全篇正徹見經理之意

按元豐主戰，元祐主和，前有熙河之敗，後有靖康之禍，正不論宋事者

每以元祐為君子，而以元豐為小人，即以主和為是，而主戰為非，不知政

宣之失，乃在屏斥忠賢，任用宵小，奄寺及獄，花石擾及天下，此徽亡具

即不結金伐遼，金已滅遼，亦必駸駸南牧，不得以紹述為名肆獄于劉

公也。元祐更新之政，亦多矯枉過直，示弱遼夏，尤失體之大者，宣

和諸臣固無賴之小人，元祐諸臣亦無用之君子，不足以論和戰之得失也

溫公通鑑論維州事袒牛抑李眼孔如此豈足當國坡公守登州即議
水師赴登州頗籌邊計畢竟聰明人容易喚醒於而權輕事生矣

十九日晴

得九弟書寄大西洞端硯二方粵東三大家詩選一部

曹瞞之為漢賊固已〻然漢祚之傾始於桓帝而桓帝之立則曹騰之謀也當質
帝之崩李固杜喬欲立清河王蒜梁冀未有以相奪騰亦為蒜所禮乃夜往說
冀以青蓋車迎志入南宮於是而固喬之罪已定霍季〻據要張不待黃巾
郿塢而漢之業已傾李固獄中所謂漢室衰微自此始諸東漢之論也我
不知騰有何功德而養孫遂為受禪之主傳祚數世直以騰傾漢乎前

採李纂漢于後謂之善繼述可耳

二十日晴

遣獻夫弔其妻喪午後范肖堂來長談蒼髯來診就以宓氏齋中與談

朝廷用賢不可循識蕭望之傳上方倚以為相則恭顯因其子上書訟前事徵詣廷尉退令自殺馮野王忠信質直智謀有餘上方倚以代鳳於是王鳳使尚書劾奏之王章私薦野王而野王以賜告就杜陵不敢劾免矣大哉曰見賢而不能舉舉而不能先命也命不可謂為慢亦非天之命直是無可奈何而委之於命命蓋國家之命運所係耳君不密則失身

謹哉

師丹以不肯崇傳太后尊號罷史極稱之然其人實非經世才乃一拘儒耳

哀帝初即位多匡改成帝之政如出掖中宮人賜樂府校尉王邯等正其收

國政柄屬豈有可封后父封舅固從丹言則王氏之族必令其世世相替

乎眼光太淺宜哀帝之不悅也蓋師丹乃哀帝太子後擢為太傅亦王氏之

所引用耳

二十日晴

晚浴浴後甚爽

于晦若言國朝隱逸詢起於遺逸民余謂史公無隱逸傳隱逸本不必

傳必傳之則必取其有聲於風俗者前代隱逸有不可解處尚于平既

知富不如貧貴不如賤何以為王邑一出雖力辭其薦舉然不如不出之為
超矣晉夏仲御人說之使仕勃然作色及賈充遣誘以作何戲鬧諸妹
乾裨乃為之餔餟之歎殊失身分張忠臣和垂老為苻堅一出以東嶽之
士而殘於西山獄宋纖今文年已八十乃受張祚之聘為其偽太子之友
尤屬進退失據至宋种放以帝秩之徒益不足道矣惟張緬所遇
之漁父殆是真隱然蘿之竹竿之歌亦与莊騷所載之漁父為
比是公為不知何許人耳史者所以紀一代之政治得失人才消長似
此入流不過藥淵巖谷之往何足入傳真隱不能傳傳之者皆非隱
也故班馬俱無此一門

豐潤張氏澗

二十二日晴夜微雨一陣

夜仲彭來談並借高青邱詩

御覽四百八十八引文士傳張叔字彥真遇黨錮之禍道逢其友人相與語天下之事云嫉宦惡政豈從道之不行恐將不免之人相向而泣有老人過嗟曰二丈夫何泣之悲哉龍不隱鱗鳳不藏羽網羅高懸在機後泣將何及二人欲與之語不顧而去余考黨錮表不知張叔在表中否可放證入之

與仲彭論青邱亦是不隱鱗藏羽者入山不深就徵誅山不顧東河

寫堂上梁文實稿

二十三日陰

復宗錫書寄銀五十金助其秋試之費

管仲非鮑叔不能相齊管氏雖云世祀而春秋不見其子孫行事耶齊管脩亦未必定是管子之後獨鮑子之後則屢見於左氏傳如鮑國文子論陽虎責其親富不親仁卓然有大臣之風杜注成十七年魯施氏臣名也而立之至今七十四歲蓋九十餘蓋知鮑叔之世澤長矣獨春秋陳鮑甚睦遂逐欒高桓子因之而大遂啟篡齊之階此則有忝祖武耳

余生平最惡晏子滿口說禮可以已亂而沮孔子卿陳氏真小人之尤其所以得名不過於一二屑名以比解驂越石父之類為之揄揚也

二十四日雷雨微雨即止

顧頡民來談午刻得于淵若書知樂山病未大愈久恐不支過晦若略

談即返

杜陵自比稷契而其夜過王侍御飲詩結云但願殘年飽喫飯但願無

事常相見蕭條至矣非經歷患難之後不知此語之沈痛所謂天下

無如喫飯難也其贈友諸篇無不情真語摯而其晚年作乃云晚將

末契託年少當面輸心背面笑憤激至矣非經歷世態之後不知此語

之酸深所謂其味不相入也其後惟玉谿生有此一種筆墨如何雪月

交光夜更在瑤臺十二層留得君明萬里光景出夕陽無限好只

是逛黃昏寫得叔季之世光景出人懷超然世外靜觀萬變歎腸
愈冷冷中收熱乃得此種血性語非世人所知也不識廬山真面目
止緣身在此山中最度木蘭舟中語不知原是此花身以山中之人語山
以花外之人語花遠遠近近之間迷悟迥別

二十五日陰微雨頗涼

釋名一書專以諧聲解字其原出於孟子如助者藉也徹者徹也庠
者養也序者射也校者教也之類春秋繁露尤多楚莊王篇韶者
昭也夏者大也護者救也武者伐也三代改制質文篇正者正也仁義法
篇仁之為言人也義之為言我也深察名號篇士者事也民者瞑也王者

皇也王者方也王者匡也王者黃也王者往也君者元也君者原也君者
權也君者溫也君者羣也祭義篇始生故曰祠善其、司也夏約故曰礿
貴所初礿也先成故曰嘗嘗言甘也畢熟故曰烝々言衆也祠司約礿成嘗烝
衆皆均祭々為言際也察也循天之道篇齋々為言濟於皆是許君所稱
博采通人所明言仲舒說者惟一貫三為王一事實則仲舒固孫於小
學者也其後如白虎通義此類不衆若韓々以為漢詁亦復可備檢
攷耳 論語政者正也又聞季子々先 雅之即讀若小雅之謂也
阮文達以釋名心纖也為善著為釋心之說葉繁露深察名號篇
栣衆惡於內弗使得發於外者心也故心々為名栣也人之受氣苟無惡者心

何栣哉吾以心之名得人之誠人之誠有貪有仁仁貪之氣兩在於人身身之名取諸天天兩有陰陽之施人亦兩有貪仁之性天有陰陽禁身有情欲栣與天道一也余疑栣即任字說文妊身懷孕也言心懷貪仁之性故曰栣道直作任字心之為名任較識字尤義長此說兼孟荀性善性惡兩說善米性禾之喻與性相近意尤相足竟無人發明董子之義者許君說文云性人之陽氣性善者也情人之陰氣有欲者許君取孟子之說兼采繁露不曰貪曰惡而曰欲尤為下語有分寸是知孔孟之言性君含荀節而董子陰陽兩施貪仁兩存之說尤足補孟子之未及而破荀子之一偏也後儒紛紛之義不取之詳東塾讀書記

二十六日陰雨

寄樂山書

王晉卿以詩主疾時與婢通主薨爲主之乳母所訴上批詔内則削淫縱欲失行外則狎邪罔上不忠落駙馬都尉均州安置其後還朝與東坡先生相見殿門外和其詩引有予得罪貶黄岡晉卿亦坐累遠謫實則東坡以二年貶晉卿以三年坐他事貶想見東坡爲賢者諱之意盡繼則云晉卿雖在戚里作遠聲色而從事於詩畫竟不知乳母之訴虛實耳宋史僅書其謫均州而以後不書并蘇詩亦未讀想見修史之草草

二十七日陰

得子涵復書

續通鑑長編神宗謂輔臣曰唐明皇晚年逸豫以致禍亂如本朝無前世離宮別館游豫奢侈之事非特不為亦無餘力可為也蓋北有強敵西有黠羌朝廷汲汲枝梧不暇此二敵之勢所以難制者有城國有行國自古外裔能行而已今兼中國之所有比之漢唐尤強盛也嗟乎神宗之言未幾而宣政之間艮嶽花石綱所為如此惜無人以其父訓告之者良可痛也竊謂當宋神宗之世夏則童昏遼亦亂弱而其經營西事熙河方捷永樂已摧所倚用者不過李憲高遵裕徐禧輩宜其辱國喪師畏遼尤甚正人如富弼司馬光輩所上疏皆浮談無實

王安石陽為大言實主棄地之說此自宋之太弱並非遼夏之太強神
宗謂敵強於漢唐二宋雖從其言以自解耳然尚知有畏敵之心不敢
安於遼緣實賢主也況今日之敵非堅礮利環列爭雄其兢兢業業之又
當何如耶

二十八日晴
柳質卿來久談畿輔水利
漢章帝好儒術其詔令極佳如命趙熹等議則引詩不愆不忘率
由舊章三事大夫莫肯夙夜予違汝弼汝無面從二千石勸農桑
則曰五教在寬帝典所美豈弟君子大雅所歎地震則曰仲弓季氏之

家語子游武城之小宰猶誨以賢才聞以得人講五經同異則引學之不講是吾憂也博學而篤志切問而近思仁在其中矣日食則引詩之孔之醜又說引春秋無麥苗及閉糴反風之應二月又詔則引刑罰不中人無所措手足五月試賢良則曰是試臣以職不責以言語筆札故以得銅若此酒者又獲白鹿則曰上無明天子下無賢方伯人之無良相怨一方斯若之爲求截元和元年下詔則引律及令而曰書轉作官刑豈云若此十二月詔則引書父不慈子不祗兄不友弟不恭不相及也二年正月則引詩展子如祗亂庶遄已五月賜高年鰥寡孤獨帛則引無侮鰥寡惠此黨類十月則引春秋三正三微二年二月告鄉守相則曰四國無政

不用其良乙丑勑御史則引詩敦彼行葦牛羊勿踐履體人君戒
一草木不時謂之不孝皆儒者行者之言范史僅以長者推之未盡
其美也

漢章帝永初四年二月乙亥詔謁者劉珍及五經博士校定東觀五
經諸子傳記百家藝術整齊脫誤是正文字解子它在其內何以
後漢竟無人注釋之不可解也

二十九日晴午後陰夜雷

范史鄧后論曰鄧后稱制終身號令自出術謝前政之良身闕明辟
之義至使嗣主側目斂衽於廢置直生懷懣懸書於象魏借之

儀者殆甚惑哉然而建光之後王柄有歸遂乃名賢戮辱便孽

黨進衰斁之來茲焉有徵故知持權引譽所幸者非己焦心卹

慮自強者惟國是以班母一言說闔門辭事愛姬微術懸覽

剔謝罪將杜根逢誅未值其誠乎然蹊田之牛奪之已甚按范

論所辠非之自雖惟國家有見和熹與宣仁相似使其身至五六十

稱制終身何至有建光以後之亂政哉漢法東朝雖不稱制仍

預朝政有竇太后則綰臧下獄孝武不能救之有王太后則嬰夫

下獄孝武亦不能救之既不能以地道無成之廷論以議之也但當

論其賢與不賢耳且不稱制而預朝政反不如稱制而預朝政稱

制則日與廷臣相接不稱制則日與宦寺相接故就稱制言之以宋之明獻章肅而王曾可以去丁謂呂夷簡可以論宸妃上下之情不隔也彼漢哀之制于傅太后王莽之假元后之命豈必稱制哉晉孝武時謝安以天子幼沖欲請崇德太后臨朝王彪之曰上垂及冠婚及今從嫂臨朝豈所以光揚聖德安不欲委任桓沖故請太后臨朝以專決遂不從其言謝傅之深謀遠識可謂審勢導權千古卓見彼韓魏公之厲聲撤簾不免客氣用事未幾而讒議起矣有識者明于古今之故當不以吾言為謬也